その「思い」とは何であったのか。——それはまたしても[illegible]く「金銭感覚」がないという痛烈な印象だった。

もちろん、ここでいう「金銭感覚」とは、北朝鮮との外交[illegible]った表面上の金勘定のことをいっているわけではない。むし[illegible]動かす原動力として、真っ当な経済感覚に[illegible]戦略の[illegible]てしまっているということに、その時、私は[illegible]のだ。

本書で後に詳しく述べる（第二章）が、ケ[illegible]官補[illegible]るテーブルの向こう側に並み居る米国人外交[illegible]は、つ[illegible]にウォールストリートを歩いていたような人[illegible]職歴[illegible]感覚が身につくような王道を歩んできている。

その一方で、我が日本人外交官の同僚たちはといえば、学[illegible]

章扉装画＝春田真埋子

北朝鮮外交の真実

はじめに

二〇〇五年三月三十一日。私は十二年間の外務省人生に自ら終止符を打った。

人の一生において、十二年という年月はそれほど長くはないものなのかもしれない。ましてや、終身雇用を前提としたこれまでの日本のサラリーマン社会のなかで、その程度の勤続経験など、それこそ卵から雛《ひな》が孵《かえ》ったくらいの程度に思われるほどのものなのかもしれない。

永田町に暮らしたことのある友人曰く、例えば国会議員秘書の世界では、秘書生活一ヶ月が通常の人生で言えば一年に相当するというらしい。そこまで激しくなくとも、同じ「政治」の荒波の中に暮らした外務公務員I種職員として、この十二年ほどの年月の間には、実にさまざまな出来事があった。


一九九三年四月。桜咲く霞ヶ関に、私はリクルートスーツに身を包んだ同期たちとともに初登庁した。慣れない社会人経験、完全な上意下達、朝九時半に出勤しては時に翌朝まで延々とデスクにいなければならない過酷な労働慣行が残る職場で、理不尽さに涙をこらえるような思いもしながら初年度の生活を送ったものだ。

その頃の外務省は、冷戦構造が音を立てて崩れ落ちた後に生じたカオスの中、一気に業務増に陥り、文字どおり猫の手も借りたいくらいの忙しさであった。そこへ、呑気な学生生活からいきなり放り込まれたのだからたまらない。しかも、誰かが仕事を教えてくれるのかといえば、外務省ではそんなことは全くない。今でもはっきりと思い出すのは、最初の仕事だ――「原田君、ロシアと中国のマクロ経済状況について、簡単な比較対照表をつくってくれ」。ロシア？　中国？　マクロ経済比較？　法学部出身で、それまで法学の教科書の暗記しかしてこなかった私は、何をしてよいのか分からなかった。名前だけの「研修指導官」であった八年上の先輩S補佐に恐る恐る聞いてみる。すると、いきなり一喝された。「自分でやれよ、そんなこと。使えねえなぁ！」

――こうして、私の外務省人生が始まった。

ではなぜ、そうした過酷な勤務環境であるにもかかわらず、私は当時、投げ出さなかったのか。

――私には駆け出しの外交官として、私なりの目標とプライドがあったからだ。

一九九〇年に亡くなった私の母方の祖父は、戦前は文字どおり「太陽のない街」であった東京・文京区小石川で印刷工として生きた。その祖父は、私がまだ子供だった頃、しきりに呟いたものだ。「武ちゃん、戦争は嫌なもんだよ。平和がいちばんだよ。」

祖父は、日中開戦より敗戦の日まで、当時の第一師団所属の一兵卒として北は「北支戦線」、南は「南部仏印」まで、アジアの各地で戦い抜いた。実に七年間にもわたる従軍。やがて復員した彼を待っていたのは、焼け野原となった小石川であり、跡形もなくなった我が家だった。

当時、祖母以下家族たちは遠縁を頼って山梨に疎開しており、探しに探した挙げ句、ようやく祖父は妻子との再会を果たすことになる。だが、それまでの間、家族の行方を混乱の中で追い求めた祖父の心境はいかばかりだっただろうか。

戦後六十年。多少の波風はあっても、終戦直後の瓦礫の山が嘘であったかのように、経済的な繁栄を享受し続ける日本にあって、こんな祖父の昔話をあらためて語ることは、文字どおり「アナクロニズム（時代錯誤）」なのかもしれない。しかし、駆け出しの外交官であった私にとって、祖父のあの呟きこそが原点だった。一国民にとってかけがえのない「人生の黄金の時間」を、国家理性は奪い去ってはならない。そのために平和は不可欠であり、日本の平和と安全、そして繁栄のために身を粉にして働いている「エリート集団」――それが、私にとって「外交官」という存在であり、私はその仲間として認められるためであれば、どんな労苦であれ耐えようと考えていたのである。

話を元に戻そう。

東京サミット（一九九三年）が過ぎ、在外研修員としてドイツ連邦共和国における研修生活が始まった。見るもの聞くもの、そのすべてが新しく、慣れないことに緊張する毎日もまたたく間に過ぎ去り、やがて、当時はライン河畔の小さな大学町であるボンにあった在ドイツ日本国大使館での勤務が始まる。ここでもまた、時の宰相・橋本龍太郎と辰年生まれの政官財の会「龍の会」で密接なつながりを持っていた大物外交官・有馬龍夫駐独大使から、日々、厳しい薫陶を受けることになる。

「外交官」としての立ち居振舞いのイロハは、ここで学んだものだ。ハーバード大学で政治思想を教える立場から、一転、外務省へと転職した異色の経歴を持つ有馬大使は、何かというと日本の国内政治か、食か酒の話しかできない日本人幹部外交官とは全く違い、その類い希なる知性と、レスリング選手であった頃からの強靭な意志で、どんな大物ドイツ人政治家であっても圧倒するほどの迫力を持つ人物だった。

ある時など、大使公邸夕食会でいきなり大使がヘーゲルの『法哲学要綱』の書き出しを英語でそらんじて見せたことがある。――「梟に身をやつした知性の神・ミネルヴァは、夕暮れになってゆっくりと飛び立つ。オリエントから始まった理性の人類史は、ようやく興隆しつつあるドイツ民族の国家で完結する」。朗々と暗唱する大使の姿に、居並ぶドイツ経済界の大物たちははっと息をのみ、続けて拍手大喝采であったことを、昨日のことのように思い出す。

彼の秘書官として、朝の鞄持ちから、深夜にまで及ぶこともある公邸夕食会の裏方に至るまで、二十四時間、齧りつくようにその仕事ぶりを学び、盗み取った。

そして四年ぶりの本省勤務。最初は、大使館での勤務のいわば「裏番組」ともいえる、欧州担当の部局での駆け出し事務官としての生活だ。そこでの仕事は、この後に続く二つのポストに比べれば苦労といえるほどの苦労は全くなく、牧歌的なものだった。

現行の外務省における制度では、いわゆる「キャリア外交官（国家公務員I種職員、従来の外務公務員I種職員）」の場合、入省直後の二年間は本省で実務研修を積み、それから最低でも二年間の語学研修を外国で行なう。それからさらに二年間程度、当該国にある日本国大使館あるいは総領事館に勤務するパターンが多い。

こうした最初の「在外勤務」を経て本省に帰任するわけであるが、トータルで六、七年経過した頃に、職階上は「課長補佐」へと昇格する。この頃になるとそれなりに実務もこなせるようになり、狭いながらも見通しを持てるようになってくるものである。省内でも個人名で知られるようになり、「一人前」と見做されるようになる。

そして、入省十年を過ぎる頃から、ぼちぼち「首席事務官」（課内で課長に次いでナンバー2）として中間管理職となり始める。その上で在外勤務が続き、再度本省へ戻って二十年余で課長、三十年余で局長とキャリアを昇っていくことになる。

その間、実務とは別にさまざまな研修の機会がある。こうした機会は体系的でないきらいがあり、また、例えばこれからこの本で書き綴っていくような外交や国家をめぐる「本質論」を習ったり、あるいは民間企業ではもはや常識となりつつある「コーチング」の授業もない。しかしこれらの研修の機会は、やりようによっては、外務省職員という立場を超えて、一個人の人生にとって大きな意味を持つ場合がある。

私の場合、ドイツ外務省での上級職外交官のための初任者研修に、四ヶ月間にわたり、日本人外交官として初めて出席する機会に恵まれた。朝の早いドイツ人の同僚たちと合宿所で寝泊まりし、もちろんドイツ語ですべてを表現しなければならない生活はつらかった。

特に大変だったのが、「日直」になると、朝五時に起きて、ドイツ語主要四紙、英字主要三紙、フランス語主要二紙に目を通し、八時からの授業の冒頭に、同僚たちを相手に五分間の「主要報道ブリーフィング」を行なうことだった。もちろん、ドイツ語のブリーフだ。

同僚からは矢継ぎ早に質問が飛び、課長級の研修指導官からは、「原田君はピックアップするニュースがアジアに偏りすぎだ」と注意される始末。だが、こうした経験が「日本国外務省」、あるいは「日本」にどっぷりと浸かりきることなく、日本人という誇りを持ちながら、比較の眼差しをもって「日本」を見る癖をつけさせてくれたことは言うまでもない。

やがてさまざまな経験を経て、私は外務省の中でも日本外交の「最前線」の一つである北東アジア課・北朝鮮班へと配属されることになる。私が外務省を去ると言い出した時、実に多くの先輩・同僚・後輩たちが異口同音に口にした言葉がある。――「北朝鮮担当なんていう花形の部署にいて、何が不満なのか。辞める必要なんて全くないじゃないか。」

私に言わせれば、全く逆だ。ほかならぬ「北朝鮮担当」を勤め上げた今だからこそ、外務省を「卒業」するのだ。

北朝鮮担当、さらにはその前職である大臣官房総務課での内部監察担当を務めていた頃から、私は明らかにそれ以前の自分とは変わったように思う。ひとことで言えば、一介の事務官として知るべきではないことまで知ってしまったのだ。

二〇〇一年一月。その前年の秋に、まもなく、総理大臣秘書官補佐への異動との内々示をもらっていたにもかかわらず、政治情勢に流されがちなこの役所の「常」でそれが幻に終わった後、私はようやく異動することとなった。

「大臣官房総務課に異動を命ず」

この年の正月。読売新聞は朝刊で、「松尾要人外国訪問支援室長による公金詐取疑惑」をスクープしていた。自宅でお節料理を食べながら、昼過ぎになって初めて、他人事のようにそんなニュースがあったことを知ったのを今でも覚えている。

異動先へ行ってみると、歓迎の言葉すらなく、仏頂面をしたM首席事務官に座席を指し示されただけで職務が始まった。無愛想な始まりは、この役所ではいつもの通過儀礼だ。だが今思い起こせば、外務省大臣官房はこの時、すでに「臨戦態勢」だったのである。

この年の四月、情報公開制度が国の制度として開始することとなっていた。ところが、そんな時に、よりによってとてつもなく大きな不祥事の発覚だ。法律で定められている保管期限を過ぎた過去の会計文書をいち早く処分しなければ、外部から情報公開を請求され、厄介なことになる。そのため大臣官房では毎日、二十人程度の人員を各局から動員し、外務省の地下書庫に眠る大量の文書ファイルの中から、「不要」な会計文書を抜き取っては廃棄するという作業を続けていた。

この作業の主担当が私だったわけで、これから起きるであろう「大騒動」を考えると、一刻の猶予もなかった。しかし、何も知らない呑気な欧州担当からいきなりそんな深刻な現場へとぶち込まれた私は、何が何だか分からず、呆然としながら書類の山に溺れかけた。しかも、毎日毎日、黴臭い地下書庫で埃にまみれながらの肉体作業。泣きそうだった。

一月二十五日。外務省は内部調査報告書を公表し、松尾元室長を懲戒免職処分とし、警視庁に業務上横領の疑いで告発した。この直前になってもまだ、私は何が起こったのか、また省としていったいどちらの方向へ向かっていくのかを上司からは知らされず、ただただ不安な毎日を送っていた。

しかし、内部調査報告書が公表され、事が省内外でもオープンになった以上、今度は私にもなすべきことがさらに山のように待っていた。もちろんこの時には、その後、二〇〇三年一月に至るまで、実に二年にもわたって、前代未聞の外務省における内部監察の現場を歩くことになろうとは全く予想さえできなかったが。

次々と明らかになった、いわゆる「外務省不祥事」の一つ一つについて、ここで語るのはやめよう。それらについては、すでに多くの点が公判や国会審議、あるいは会計検査院報告で明らかになっているとおりだからだ。それに悪趣味な「暴露本」を書くつもりは毛頭ない。

ただし、一つだけ、この本を書き始めるにあたって読者の方々に訴えたいことがある。それは、この国の外務省で勤務する職員の大半が、「カネは世界のどこかから降ってくるもの」と思っていた節があるということだ。

四月になると、私はようやく例の書類整理からも解放されたが、今度は省内の精鋭を集めた「調査チーム」の一員として、それぞれの課や室で会計事務処理にあたっている通称「庶務主任」たちをまたぞろ尋問し、追及することを日課とするようになった。彼らの多くが公金詐取について、「加害者」でもあり、また上司からの圧力に屈した被害者だった。こちらは会計帳簿や、取引先の企業が渋々、任意提出した伝票を分析し、彼らの自筆サインのある請求書など、手元に「動かぬ証拠」を握って、にわか検事よろしく、密室で徹底した尋問をするのだ。

そんな尋問を繰り返すなか、彼らがしばしば口にした言葉がある。「誰でもやってるじゃないですか、こんなこと。何が悪いんですか。」

ある若い事務官は（ちなみに、彼とはしばしばその後も省内のエレベーターで顔を合わせたが）、私を睨み付けさえしてこういったものだ。「省内では誰でも貸し借りがあるでしょ？　だから、余ったタクシー券でそれを返しただけですよ。何が悪いのか。」

尋問している私の方が唖然としてしまったのは言うまでもない。しかし、これ以来、すべての尋問のなかで感じられたのは、詐取した公金を「私的」に使用しようが「公的」に使おうが、全くといってよいほどそこでは「金銭感覚」が欠如しているという事実だった。

「金銭感覚」、すなわち、「お金がどこで生まれ、どうやって流れていくのか」についての基礎的な感覚の欠如。――大臣以下、省幹部がカメラの前で何度も国民に謝り、世論の怒りに応えてもなお、私の心の中に外務省に巣食うこの明らかな事実だけはしっかりとくすぶり続けた。

そして、二〇〇三年一月。またしても例によって人事当局と必ずしも気持ちのよい関係ではないなかで、私の異動が決まった。

「アジア大洋州局北東アジア課勤務を命ず。」

この時よりさかのぼること四ヶ月。小泉総理は誰しもが想定していなかった電撃的な北朝鮮訪問を行なっていた。しかし日本人拉致問題について、その後さまざまな不手際が指摘され、しかも核問題が再燃することで北朝鮮外交は一気に暗礁に乗り上げてしまっていた。

大臣官房総務課で内部監察をしていた時とはうって変わって、今度は瞬発力と持久力の双方が必要となる職場がこの北東アジア課（通称「ア北」）だ。しかも、歴代の担当職員が省内でも随一の「強面」で有名な北朝鮮班の一員としての配属ときた。内部監察ばかりで、久しく英語すら使ったことのない私は、緊張のあまり、人知れず多汗症になってしまったほどだ。

当時の北東アジア課課長は省内でも指折りの切れ者で、田中均アジア局長（二〇〇二年九月当時）とともに小泉総理訪朝を実現した男として知られたH課長だ。人事課から辞令を受け取り、恐る恐る北東アジア課へと向かいH課長に挨拶すると、こう言われた。――「あぁ、君か。」書類を読みながら一瞥するH課長の一言に、衝撃を受けた。総理を相手に歴史を動かす彼から見れば、厳しい内部監察で省内では少しは名を馳せたと自負していた自分であっても、「無名の一事務官」に過ぎないのだ、と。

こうして北東アジア課の門をくぐってまもなく、当時の上司であったM首席事務官に最初に命じられた仕事、それが私にとって、本当の意味での、アメリカ合衆国との出会いとなった。「ケリー国務次官補が今度来ることになっていてね。この件、君に任せたよ。官房長官と外務大臣用の発言要領を作るのと、アメリカ大使館と連絡を取り合って、日程表を作ってくれないか。」

ケリー国務次官補は、第一期ブッシュ政権においてアーミテージ国務副長官とともに、東アジア外交をリードする人物だ。小泉総理の訪朝の直後、二〇〇二年十月にブッシュ大統領の命を受けて訪朝し、金正日《キム・ジョンイル》国防委員会委員長の右腕である姜錫柱《カン・ソクヂュ》外務第一次官とやり合い、激昂した先方より広島型原爆の製造につながる「ウラン濃縮計画」の存在を示唆する発言を引き出した人物でもある。

これまで新聞でしか知らない米国政府要人をめぐる仕事が、いきなり自分の所掌事務になったことに感激するとともに、一体どうしたものかと、私は正直、考えあぐねてしまった。今から考えれば、その後、何度もケリー次官補は訪日し、またこちらが訪米して意見交換を行なうこともあったのだが、当時はこれが初めてのアメリカ人高官相手の仕事で、うまくいくか不安で胸が張り裂けそうになったものだ。

しかし、そんな気持ちは徐々に冷め、またしても私の脳裏によぎる思いが一つあった。そしてそれは、二〇〇三年夏に北朝鮮班長を拝命し、加速度的に仕事が忙しくなるなかで忘却の彼方にいくどころか、逆に心の中でますます強くなっていった。

その「思い」とは何であったのか。――それはまたしても、外務省の上から下まで、すべからく「金銭感覚」がないという痛烈な印象だった。

もちろん、ここでいう「金銭感覚」とは、北朝鮮との外交に何かとカネがかかるとか、そういった表面上の金勘定のことをいっているわけではない。むしろもっと大きな意味で、外交を突き動かす原動力として、真っ当な経済感覚にもとづく外交戦略の構想が、日本外交には完全に欠如してしまっているということに、その時、私は気付いたのだ。

本書で後に（第二章）詳しく述べるが、ケリー国務次官補のみならず、我が日本人外交官が座るテーブルの向こう側に並み居る米国人外交官の多くは、つい先日までアタッシェケースを片手にウォールストリートを歩いていたような人物たちだ。職歴のみならず、学歴からしても、経済感覚が身につくような王道を歩んできている。

その一方で、我が日本人外交官の同僚たちはといえば、学歴はおろか職歴においてすら、およそ経済的なバックグラウンドを持っている者は皆無だ。このようなことを言ったら、日夜、「経済外交」を展開している同僚諸兄姉に怒られるかもしれない。しかし、彼らでさえ、それでは具体的にどのファンドあるいは銘柄が、どのタイミングに、世界中のどのマーケットで騰落するのかといった「経済そのもの」とはかけ離れた世界で暮らしている。その意味では、他の日本人外交官と大差はない。

もっと言えば、仮にそうしたことを多少なりとも知っている「経済通」が省内外にいたとしても、彼らがおよそ「政務マター」である北朝鮮外交といった政策案件に影響を与えることはまずない。なぜなら、北朝鮮との関係正常化とは、日本にとってまずもって「拉致問題」であり、「安全保障上の問題」なのであって、「損得勘定は二の次」だからだ。

しかし、対する米国はどうなのかというと、担当する高官たちの職歴・学歴にも表われているとおり、背景に「国富」を増進させたいという意欲がみなぎっている。だが、彼らは表立ってそのようなことを我々に言うことはないし、匂わせることすらしない。さらにいえば、こうした事情は米国についてだけではもちろんない。北朝鮮外交だけをとってみても、関係する諸国は皆、それぞれに濃淡はあれど、はっきりとした「経済感覚」をもって外交の現場に臨んでいる。私が見たところ、そうでないのは、悲しいかな日本だけである。

一事が万事この調子であるから、日本外交にはおよそ「深み」がなく、一本調子だ。何もここでいう「経済感覚」の欠如だけが原因ではないのだが、とにかく、国際場裏におけるさまざまな「現象」に追い立てられるようにして日本外交の現場での日々は過ぎていく。

やがて、そうした「現象」に追い立てられることに瞬発力をもって応じたり、あるいは「現象」だけを羅列したペーパーを書くことが「外交実務」だと若き事務官たちは勘違いしてしまう。もちろん、彼らとて「戦略がこれからの日本外交には必要だ」と口にしないわけではない。

しかし、「経済感覚」一つとっても、世界の成り立ち（「どこからお金はやって来て、どこへ流れるのか」）を理解し、そこからツールとしての「外交」を使っていくという発想法を知らないのが彼らなのだ。そこで書かれる「戦略ペーパー」なるものが、結局は現象面での記述の羅列に過ぎず、「では何をするのか」という行動を、堅固な思想にもとづき喚起する紙になぞなっていないのは当然だ。

現に私自身、外務省を「卒業」する直前である二〇〇五年一月より、総理官邸の指示により、対北朝鮮経済制裁に向けたシナリオ案を何度となく書かされた。日本外交の最高機密に属することのペーパーは、上へ上へと決裁過程を上がってもなお、至近な問題とその「解決」のために思い付いただけの「政策手段」の羅列にとどまり、一度たりとも「なぜ今、日朝国交正常化なのか」に答えるものとはならなかったことは言うまでもない。

なにぶん、自前の情報機関を使って集めた北朝鮮現地情報を持たない日本政府には、北朝鮮に関する情報が決定的に欠如している。対北朝鮮政策と「国富の増進」という国家としての目標をリンクさせ、中長期的観点から物事を動かしていく発想もない。

二〇〇四年五月に行なわれた二度目の総理訪朝や、七月の日朝外相会談、さらには三回にわたって実施された日朝実務者協議といった日本外交の歴史的な「フロンティア」に私は立ち会う機会に恵まれた。だが、こうした歴史的な出来事が終わるたびに私の心の中には、まるで澱《おり》のように、これまでの日本外交、あるいは外務省に対する疑問がつのっていく一方だった。情報（イン

北朝鮮外交の真実＊目次

北朝鮮外交の真実

原田武夫
Harada Takeo

筑摩書房

テリジェンス）もなく、真に戦略といえる外交構想もなく、ただただ北朝鮮や米国をはじめとする関係国の言葉に踊らされているままでよいのか、と。

やがて、それが爆発しそうになった時、私は気付いた。——本当の意味で日本「外交」を動かすためには、十二年余りの研鑽を経た今、「外務省」という制度的な枠組をまずは「卒業」した世界でこそ、考えるべきこと、創るべきこと、そして発言すべきことがあるのではないのか、と。

だからこそ、この本では私が身をもって体験した、日本外交の大きなフロンティアである「北朝鮮外交」の現場でのありのままの感覚や、そこでの悩みを具体的に紹介しつつ、議論を展開することとした。もちろん、外交実務の現場は北朝鮮に限られたものではないが、ここに代表される現象で日本外交全体の病理を論じることは、乱暴な議論ではないだろう。

外交とは、近代国家に特有の国家の行動である。その意味で、外交を論じるということ、あるいは外務省を論じるということは、結局は、その国のあり方について論じるということにも通じていく。

本当にささやかな「卒業作品」ではあるが、本書をもって愛する祖国・日本の「国論」に一石を投じることができたなら幸いである。

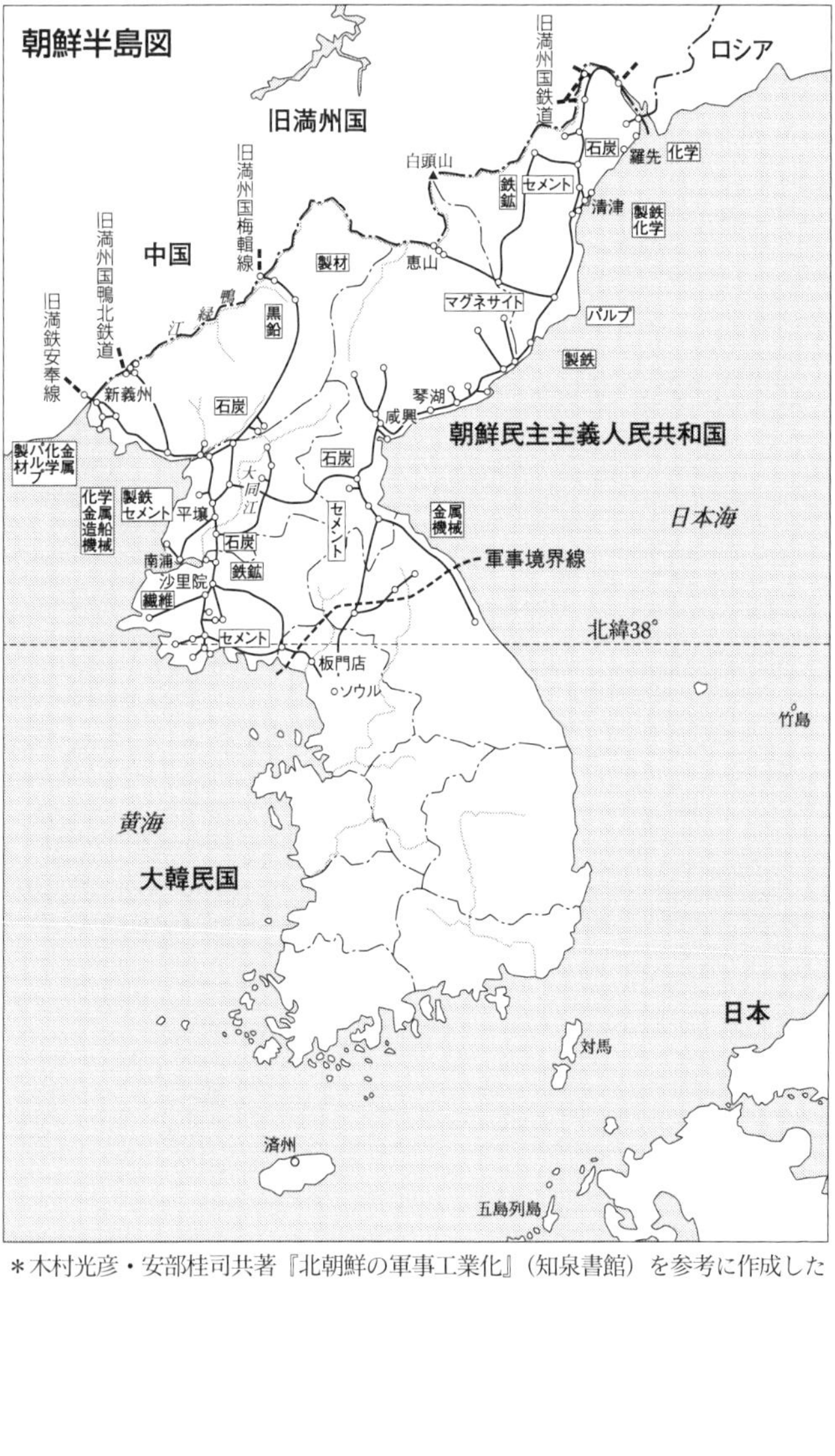

＊木村光彦・安部桂司共著『北朝鮮の軍事工業化』（知泉書館）を参考に作成した

第一章　謎の爆発事故

北朝鮮の大規模爆発？

二〇〇四年九月十二日（日曜日）昼。その時、私は、天空を眺める上席に座っていた。

ここは東京の新名所・六本木ヒルズ。どうしても相談したいことがあって、親しい友人とともに、ここ六本木ヒルズ五十一階にあるレストランで会食をする予定に前々からなっていたのだ。ヒルズの最上階でというのは妻からのリクエスト。確かに、夜な夜な情報収集のために会食と会合を繰り返す私にしてみれば見慣れた天空の情景も、妻にとっては物珍しいに違いない。そう思い、この友人にお願いして席をとってもらった。

「さて、何を食べましょうか。」——そう友人が言いかけた時、マナーモードに設定していた私の携帯電話が密やかに振動する。まぁ、これはいつものことだけれど、ここで会食が中断してしまっては妻が怒るだろうなぁとも思いつつ、ＯＮキーを押す。受話器の向こう側にいたのは、直属の上司だった。

「今すぐにどうこうしろということではないのだが、中国と北朝鮮の国境付近で爆発事故があったらしい。スタンバイしてくれますか？」。読者の多くは、「外交官」というと、シャトー・マルゴーの注がれたワイングラスを片手に、実りのない社交に励む人種と思われているのではなかろうか。もちろん、社交は外交にとって不可欠な要素だ。

しかし実際には、この日のように、昼夜、あるいは休日・週末を問わず、スクランブル発進する戦闘機のパイロットよろしく待機をし、時には夜中であろうと職場に駆けつけ、勤務するというのが外務省での日常なのだ。電話一本で平穏な午後のひと時を壊されることに昔は憤りを感じたものだが、やがてそんな生活にも慣れてしまう。

この日も、慌てて食事をしながら、友人としたかった相談を早口で済ませ、買い物へ出かける妻と別れ、外務省北東アジア課へと向かった。午後の一時。ヒルズではたくさんの物見遊山の人たちが、何事もないかのように散歩をしている。

霞ヶ関の外務省に着く。日曜なので正門は閉じていて、北口の通用門を駆け抜ける。我がオフィス、北東アジア課は七階にある。デスクに着くと、その段階までに入手できている情報を迅速に整理する。事態はどうも韓国の通信社「聯合ニュース」のスクープで始まったようだ。日韓、あるいは米韓の内緒話でさえしばしば世界に先駆けてスクープ報道する「聯合ニュース」は、外交官にとって時に厄介者だが、こういう時には役に立つ。

午前十一時五十四分（ソウル発）

「十二日、ソウルの外交官のある信頼できる消息筋は、去る九日に北朝鮮の両江道《リャンガンド》金亨稷郡《キムヒョンジクグン》で発生した大規模な爆発と関連し、直径三・五～四キロメートル程度のキノコ雲型の煙が上がったことが観測されたと承知していると明らかにした。」

次に中国・北京からの情報が世界を飛び交う。

午後〇時六分（北京発）

「北朝鮮の両江道金亨稷郡において、去る九日、大規模爆発があったと北朝鮮事情に詳しい中国の情報筋が十二日、明らかにした。

この消息筋は、北朝鮮の建国記念日に、中国国境に近い金亨稷郡で大きな爆発があったと聞いている。爆発の規模は、龍川《リョンチョン》駅の爆発よりも大きいという話を聞いた。爆発の跡が人工衛星に捉えられ、米国等の周辺国が注目していると把握している。

これに関連し、北朝鮮と関連がある他の消息筋は、最近、中国の国境付近の北朝鮮両江道で発生した大規模爆発説について聞いたと述べた。

北京駐在のある周辺国関係者は、両江道で大型の爆発が起きたという説があり、関係国は、正確な経緯や原因を探っていると述べた。

事故の発生現場とされている金亨稷郡は、鴨緑江を挟み、中国の吉林省集安市と国境を接する地域であり、韓国情報当局は、金亨稷郡の山岳地帯である嶺底里《ヨンジョリ》にテポドン一、二号ミサイルを発射することができる基地があると把握している。」

北朝鮮で大爆発？　核実験をついに行なったのか。それともミサイルが地上で誤爆したのか。一体何があったのか、皆目見当がつかない。これが、九月半ばの穏やかな秋の始まりを政府にとっては後味の悪いものとした、「北朝鮮における大規模爆発疑惑」の始まりだった。

このような場合、周辺国にある日本の在外公館（大使館、総領事館など）で私と同じように緊急に休日出勤している同僚たちから、次々に現地での報道や周辺国政府関係者によるとりあえずのコメントが伝わってくる。この時もそうだった。本省のデスクにいる私自身も、通信社のホームページでニュース速報をチェックしつつ、世界各地の同僚たちから送られてくる報告にも目を通す。しかし残念ながら、どれもこれも決め手にはならない情報ばかりだった。

私は、日曜日だというのに結局、夜半まで残業を余儀なくされた。私のまとめたペーパーに、上司が「まぁ、こんなもんだな」と言ってくれるのをひたすら待つ、そんな時間が半日近くもまったりと、誰もいないオフィスで流れ去っていった。

このような私のささやかな努力にもかかわらず、政府として最初からこの「大規模爆発」なるものの実体を把握することができなかったという事実は、翌十三日午前の細田官房長官定例記者会見から読み取ることができる。この手の会見における政府要人の発言は、私たち外務省の若手官僚がつくった「応答要領」がそのまま、上司の決裁を経て使われる。この時の官房長官の発言は、前日に休日出勤した私の作業にもとづくものだ。

「記者——北朝鮮で起きた大規模な爆発事故であるが、これまで政府として得ている情報について教えてもらいたい。

官房長官——政府は、これについては具体的な情報を、いまだ持ってはいない。ただ、何か一部、核実験、核爆発ではないかと、きのこ雲を見たなどということが伝わってきているが、普通、核実験だとすれば、必ず地震波でこちらで察知することができるものの、こういったことは地震観測所においていっさい観測されていないので、そうではないと思う。爆発自体の事実についても、承知していない。」

実はこの細田官房長官による定例記者会見とほぼ時を同じくして、外務省内部では関係部局による情勢分析会議が行なわれていた。突発事故が起きると、外務省ではまず、いきなり大臣に「御説明」するのではなく、事務方のトップである事務次官の下で、関係局長が急遽招集され、分析会議が行なわれることが多い。

日曜日の穏やかなひと時を奪われ、しかも月曜の早朝から慌ただしい時間を送っていた私にとって、逆にこの手の会議は「憩いの場」ですらある。なぜなら、こうした省内幹部による会議は頻繁に開催されるものの、そのたびに幹部たちそれぞれの性癖や能力が面白いように露わになるからだ。

この日も、まずは関係部局より、日本の外交当局として何を知っているのか、「情報集積」の結果が披瀝された。もっとも、先ほどの官房長官の発言のバックにある「情報」なのであるから、所詮、爆発の性質はおろか、爆発自体すら確認できないという内外の報道にもとづく「情報」が大半だ。

これに加えて、地図と報道写真をうまくはめこんだ、見栄えだけはよいパワーポイントを使った上映会が続く。我がアジア大洋州局は、ただでさえ忙しいので、この手の「パワポ」資料はほとんど作る余裕がない。その代わり、忙しい地域担当部局ではなく、情勢分析に専従している国際情報統括官組織がこういったヴィジュアルな資料を作ってくれる。

傍《はた》で見ていて、私などからすれば、この類いの省内上映会のプレゼンテーターは実に大変だろうなぁと思う。なぜなら、そもそも「情報」が乏しく、いってみれば、ト書きがほとんどないなかで無声映画の弁士をやるようなものだからだ。

やがて、お決まりの上映会が終わり、室内照明が再び照らされると、いつものように、しばし気まずい沈黙が流れた。すると、幹部が怒りを押さえ切れないように怒鳴る。

「で、結局、どうなんだ。」

もちろん、この問いかけが「詮なきもの」であることは、日本外交の最前線で闘いながら幹部の席へ上り詰めた者たち自身がいちばん知っている。さりながら、どうしてもこう発しなければ気がすまないのだ。

この情勢分析会議に雁首を並べていた幹部たちだけではない。その後も、この「爆発疑惑」をフォローしていて、もう少しもの分かりのよいはずの中堅幹部からすら、何度となく同じ言葉を聞いた。

「で、結局、どうなんだ。何が起こったんだ。」
為す術がないという苛立ちをぶつけることしかできない日本の哀れな外交官たち。しかし、それでも対外的には分かっている「ふり」をしないと、政府全体の命運にすら関わることもある。なぜなら、我が国民は外務省なら外国に関することは全部知っていると信じているからだ。ここに、真実を把握しなくても、限りなく虚構に近づくことで、元の平穏さに戻れるのではないかという誘惑がぱっくりと口を開けて待っている。

もっとも、この話はさらに不思議な変遷を遂げていく。まず、十三日午後、英国BBC放送はホームページで次のように報じた。

「『北朝鮮は山を発破したと述べる』
核実験の一部だったのではないかとの憶測が流布していた先週木曜日の大爆発に関し、北朝鮮は説明を行なった。
白南淳《ペク・ナムスン》北朝鮮外相は、今回の爆発は、水力発電建設計画の一環として、意図的に発破をしたものであると述べた。これは、北朝鮮を訪問中のラメル英外務政務次官が説明を求めたのに対して述べられたものである。」
これは軍事関連の爆発であったとの推測をしていた者たちのみならず、「巨大な爆発」であったと報じる者たちにとっても大きな打撃となった。この時、韓国ではすでに、核爆発ではないが、衛星からも認めることができるほどの「巨大な爆発」だったと大々的に報じられていた。

韓国「中央日報」(十二日)

「十二日、複数の政府関係者は、北朝鮮両江道金亨稷郡月灘里厚昌《ウオルタンリフチャン》駅から二〜三キロメートルの地点において、八日夜および九日未明に、二度の大規模爆発が発生したと明らかにした。

政府高官は、『八日夜十一時頃および九日午前一時頃、金亨稷郡厚昌駅付近において原因不明の爆発事故が発生した。現在、正確な事故原因や人的・物的被害の規模を把握中である。爆発の直後、韓国内の二ヶ所の関係機関で、同じ時間帯にほぼ同時に爆発事故を認知した。機関が自ら確保した衛星写真および各種の映像情報をもとに、状況を分析した後、盧武鉉《ノ・ムヒョン》大統領に報告した』と明らかにした。

爆発の規模に関し、同関係者は、『衛星写真で判読可能なほどの大きな穴が確認され、TNT火薬一〇〇〇トン以上の爆薬が爆発したものと見られる』と述べた。他の政府高官は、『核実験の可能性が疑われているが、映像資料の判読の結果、強力な爆弾が爆発した後に発生する濃い煙が三キロメートル範囲内に広がっているが、核実験で生じるキノコ雲の様子は全くなかった』と述べた。」

今から考えると、いったいどの「衛星写真」を見たのかと首をかしげざるを得なくなる報道ではあるが、この報道は韓国国内における危機意識を強く裏付けていたように思う。「で、結局、どうなんだ」と、上司たちが連呼するなか、その時を待っていたかのように十三日夜、北朝鮮自身が公式見解を発表する。

「朝鮮中央通信」（十三日）

「ソウルからの放送報道によると、南朝鮮（韓国）で、朝鮮民主主義人民共和国の両江道金亨稷郡で九日、『大規模の爆発事故』が起きたと騒ぎ立てている。

それによると、問題の『爆発事故』が『核実験』や『山火事』であるようだと言われており、爆発場所も金亨稷郡ではなく、軍事境界線一帯のようにも考えられると、あいまいなことを言っている。

これは事実でもなく、ありもしない荒唐無稽な謀略策動である。

我が共和国では、最近、いかなる爆発事故も起きたことはない。

謀略を好む連中が、我々の水力発電所での発破の音に驚いてこのような荒唐無稽な嘘をついたのかもしれない。

彼らが騒ぎ立てるいわゆる『爆発事故』というものは、最近、核関連問題により世論の前で窮地に追い込まれてあわてた連中が、耳目をそらすべき必要に応じてつくりあげた卑劣な浮説に過ぎない。」

この段階で、私は担当官としてキツネにつままれたような気分のままだった。しかし、上司からの繰り返しの質問――「で、結局、どうなんだ？」に答えなくてはならない。

関係する幹部とて、同じ気分だったに違いない。彼らも、「北朝鮮に御関心のある国会議員の先生方」やら、報道陣から質問ぜめにあって困っているのだ。もっとも、先ほどの情勢分析会議のなかでもとにかく一つだけ、あたかも一縷の望みのように一致が見られた点があった。それは、「果たして、米国は何というか」ということである。

これではまるで、困った時の米国頼みそのものではないかと思うが、この時、省内の雰囲気は確かにそうだったことをはっきりと記憶している。「北朝鮮は嘘をつくかもしれないが、米国は真実しか言わない」――そうであるからこそ、私たちは米国による公式見解の発表を待った。

すると、どうだろう。その直後に、米国は全く予想すらつかなかった内容のステートメントを発表する。

パウエル国務長官に対するロイター通信インタビュー（十四日）

「（北朝鮮側が）提供した情報は、我々が見たものと一致しているように思われる。（同爆発は）水力発電施設のための爆破作業であった可能性がある。北朝鮮が現場の視察をさせるべく人々を連れていっているとの報告を聞いており、数日間中に本件に関しよりよく知ることができるようになると思う。」

これで完全に追いつめられたのが韓国政府だ。もちろん、韓国政府はこの段階に至ってもなお、

「爆発」の詳細について断定してはいない。だが、多くのリーク報道が物語るように、韓国政府部内での評価が、どうやら世界をこれまで騒がせてきたのではないかという噂は高まる一方であった。

米国にすら「梯子を外された」韓国は、遂にこの「爆発疑惑」を不問に付すとの大胆な見解発表を行なうことになる。

李鳳朝《イ・ボンジョ》韓国統一部次官によるブリーフィング（十七日　聯合ニュース）

「情報当局が爆発の徴候があったと疑問視していた地域では、爆発はなかったものと推定される。爆発の徴候として疑問視していた地域において、爆発が起きたということを裏付ける追加的な情報はない。

九日午前、金亨稷地域において特異な形の雲を衛星で捉え、八日夜に観測された地震波と関連づけ、爆発の徴候があったのではないかと疑い、真相の把握に着手した。まず、地震波の震源地近くの雲を捉えた場所は、一〇〇キロメートル離れているため無関係である。また、最初に捉えられた雲について、さまざまな可能性と現地の地形および気象状況から判断して自然の雲である可能性が高いものと判断される。」

この発表は、韓国政府として最後の瞬間で間に合わせたリスクマネジメントではあったが、それにしても韓国による情報収集能力に大きな疑問符がつけられたとの報道が相次いだ。そして、時をほぼ同じくして、平壌駐在の外交団による合同視察団が十六日、北朝鮮当局の指示により

「現地」入りした。そこで西側外交官も含む一行が見せられたのは純粋に水力発電の建設現場だった。

話を元に戻そう。北朝鮮班長としてこの「事件」をフォローしていた私としても、手をこまねいていたわけではない。この手の話の「常道」として、周辺国に駐在している同僚たちにあてて公式の電報（公電）を通じた指示、すなわち「訓令」を出し、「外交ルート」でこれら周辺国としての評価を聴取したりもした。

しかし、誰に聞いても「実際、何が起こったのかは分からない」といったコメントを繰り返すばかりで、およそ上司の問い＝「で、結局、どうなんだ」には答えることができない。しかも、米国が最初から「匙を投げて」おり、そもそも直接的に近くて遠い国＝北朝鮮で確認することができない日本としては、もはや打つべき手段はない状態だった。

挙げ句の果てには、日本の有力新聞紙ですら辛辣なことを書き始めた。

「日本の衛星写真〝ピンボケ〟『北の爆発』情報収集難航」（十九日付読売新聞）

「九日に北朝鮮北部で起きたとされる爆発について、日本政府の情報収集作業が難航している。日本の情報収集衛星が撮影した現場周辺の画像が不鮮明で、爆発の有無の確認などはできないままだ。（中略）日本の衛星は解像度は一メートル以上で、『焦点を当てる時にぶれやすい』（内閣官房幹部）など、他国の衛星に比べ能力が劣ることも影響している。」

九月半ばの穏やかな日曜日の午後を奪い去ってくれた、この「北朝鮮における大規模爆発疑惑」。いまだに真相は闇に包まれたままだ。

機能不全の日本のインテリジェンス

結局、この「北朝鮮における大規模爆発」によって、少なくとも表面的には日本として何らかの大きな被害を被《こうむ》ったわけではない。だが、これが本当に核実験だったと仮定したなら、これまで紹介してきた外務省の対応では全く「間に合っていない」のは明らかだろう。

北朝鮮では、しばしばこの種の不可解な「事故」が発生する。例えば二〇〇四年四月二十二日に、中朝国境に近い龍川《リョンチョン》で発生した列車大爆発事故もそのひとつだ。日本政府はこの時も、最後までこの事故の原因を突き止めることはできなかったが、これを契機とした人道支援（緊急医療援助物資の輸送）の供与を決定した。しかし、何が生じたのか分からないままで「人道支援」を行なったことが、外交を司る行政府としての責任を尽くしたことになるのかは疑問なしとしないだろう。

＊ちなみに、外交ルートではないが極めて確たる「情報ルート」を通じて、この事故は、第三国の情報工作機関の支援を受けて北朝鮮から脱北した高官とその一派が、北朝鮮で高度な軍事技術を学び、

本国に帰国しようとする別の第三国の科学者たちが乗った列車を爆破するために行なったものだと、私自身は耳にした。もっとも日本の外務省がこうした「本当の話」にいまだに気付いていないのは言うまでもない。

では、何が問題なのだろうか。——私は、この一件をとって見るだけでも、次の三つの（いつもの）問題点が外務省の対応には浮き彫りにされていると思う。

まず第一に、外務省のいう「情報」が、一にも二にも、内外の報道のフォローといわゆる「外交ルート」による確認作業にとどまっているということだ。

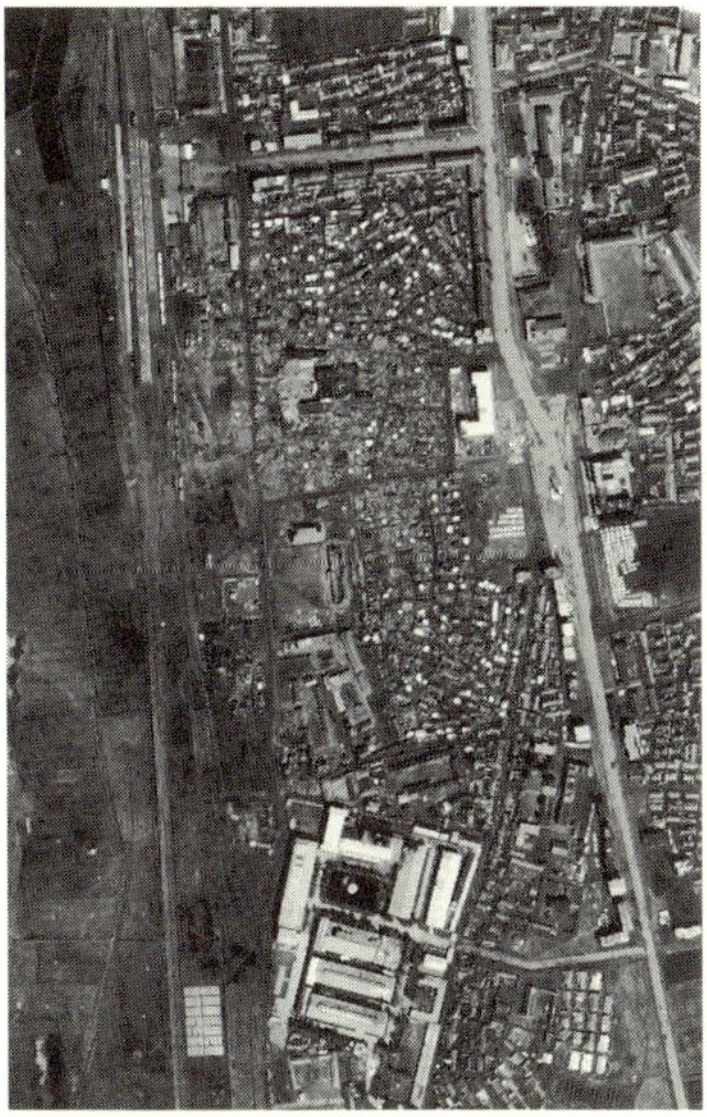

列車爆発事故直後の北朝鮮・龍川（リョンチョン）駅（写真提供：AP/WWP）

もちろん、公開情報には思いのほか「真実」が隠されていることも多く、「所詮、新聞の切り抜きだろ」などと侮るべきではない。各国の情報機関でさえ、九割の情報を公開情報から得ているという話もある。しかし問題は、私の知る限り、外務省でのワークスタイルが、そういった「新聞の切り抜き」に本当に終わってしまっているということなのだ。

「新聞の切り抜き」とは、結局、報道されていることが「真実」だと思い込み、それをストックすることで真相が把握できると誤解していることを指す。そこにあるのは、最近流行の言葉でいえば、「メディア・リテラシー」（報道の良し悪しを明確に意識するという目利きの態度）を意識することなく、「報道」の背後にある文脈すら意識せずに世界観を構築していってしまうという無批判な態度だ。

そうした無批判な態度は、目立った報道があるとすぐさま「外交ルート」での確認をすべしとする外務省における「常識」にも表われている。そこでは、日夜、私のかつての同僚たちが新聞の切り抜きを別添した調査訓令を、在外公館にいる彼らの同僚たちに送り続けることだけで満足しているという実態がある。

「A新聞によれば、……とのことであるが、事実関係について貴任国政府に照会の上、回答せよ」——時に待ったなしの大至急電報によって出される調査訓令は、一見、まともな作業のように思えなくもない。ところが、こうした「本省→電報で指示→在外公館から相手国政府のコメントを得る→電報で回答→本省で情報集積」というプロセスは、ややもするとそれ自体が「自己目的化」してしまう危険性を常に孕んでいる。

例えば、先ほどの「北朝鮮における大規模爆発」について見てみよう。周辺国の政府に対しコメントを求めれば、戦時中ならまだしも、今のご時勢、コメントをしてくれない国というのはないだろう。そのために、日本の外交官たちは日夜、相手国政府のカウンターパート（多くは外交当局の職員）を会食に招き、高級ワインを空けては彼らの肩を揉んでいる。実際、私の外務省生活のなかで、相手国がコメントすらくれないという「苦境」で困ったことはなかった。

在外公館にいると、昼夜あるいは休日・週末を問わず容赦なくやってくる調査訓令を東京にすぐに打ち返すことができて、ほっと胸をなで下ろすことがしばしばある。逆に東京に座っていても、いつものように上司が「で、結局、どうなんだ」と怒鳴っているときに、在外公館の同僚から電報が入ると本当に救われた気分すらしてしまうものだ。ところが、ここに大きな「落とし穴」があることに外務省の多くの職員は気付いていない。いや、外務省に限らず、政府全体をとってみても、「外交ルート」による確認は時に金科玉条のように扱われ、政府内の世論を決定してしまうほどの力があるので、この落とし穴には気付かれないこともままあるのだ。

では、その落とし穴とは何か。それは、「相手国政府が正式に言ったことだから」という理由だけをもって、そこで伝えられたメッセージに対する批判的な目を失ってしまうことだ。

確かに戦後日本は、いわゆる国連中心主義を唱え、基本的には「誰とでも仲よく」を旨とした外交を展開してきた。それは、財を略取するための「武力」をもはや放棄し、素手でマーケットだけを頼りに生き延びていくことを選択した「平和国家」＝日本として必然的な選択だったと言えよう。

しかし、「自分が周りの皆に対して悪意を持っていない」からといって、「周りの皆も自分に悪意を持っていない」ことには自動的にはならないのだ。誰しもが、人生で一度くらいは信じていた人に裏切られた瞬間というのを経験したことがあるだろう。私たち＝市民の集合に過ぎない「国家」とて、同じことなのだ。「裏切り」は冷徹な国際場裏にあって、常に日常風景ですらある。

それでは、「報道」にもとづく「外交ルート」による確認という外務省の「お家芸」の中には、どんな「裏切り」への盲目的な態度が見られるのだろうか。

まず見落としてはならないのは、ある報道について「そもそもなぜ今、このことが報じられているのか」という点だ。「報道」は社会の鏡だという。しかし、「誰の鏡なのか」「どうしてそこに鏡があるのか」「鏡は曇ってはいないのか」といったことをよく考えてみるべきなのだ。

このことは、例えば一週間、日本で主要紙と言われている「朝日」「読売」「毎日」「日経」「産経」の五大新聞を、隅から隅まで毎日読み続けるとはっきりする。特に北朝鮮外交のように、背後でさまざまな勢力が内外を問わず蠢いている分野についてこれを毎日続けると、これら五大紙であっても、いかにひとつの出来事について報じ方が違うかが分かる。また、そもそも報じられない事実も多い。その傾向をつかむことができれば、新聞各社がどんな「鏡」なのかも分かってくる。読む方にとっては目利きとなるという意味で学習効果はてきめんだ。

ところが、日本の外務省の職員は、そうやって得られるメディア・リテラシー＝メディアをめぐる見識を落ち着いて意識的に習得する機会が普通はない。だからこそ、省内ではまず、外交に関するスクープ記事が掲載されると、たいていの場合、それを「真実」であると前提した上で、次の作業へと無批判に話が進んでいってしまうのだ。

例えば冒頭で紹介した北朝鮮における大爆発事故がその好例である。あの時も、外務省内の議論において、各種報道が、全部とは言わずとも、基本的にはその都度、「真実」を伝えたものであるとされていた。日本政府には、北朝鮮の現地から直接、何の媒体も経ずに情報を得る手段がない以上、そうでないと政府部内でも議論が始められないのだ。

同じような鑑識眼が必要となってくるのが、「外交ルート」による確認作業でもある。先ほども述べたとおり、国際場裏では「裏切り」が普通だ。だからこそ逆に、「あなたの国は同盟国だから」「共通の価値観を有しているから」という外交上の美辞麗句が必要となってくる。ところが、哀れなことに、日本の外交官たちはこうした美辞麗句をそのまま「真実」だと納得するような思考回路しか持ち合わせていない。「報道」に対して鑑識眼がない、あるいは疑いを抱かないのと同じように、「外交ルート」での発言については、真実だろうと常に思ってしまうのだ。

このように聞くと、まさかそれほど愚かなことが「天下の霞ヶ関」で行なわれているとは信じたくもないという読者もいるのではないかと思う。しかし、これが悲しいことに真実なのだ。

私は、外務省において歴代の幹部が繰り広げる「意思決定会議」の場で何度となく、いわゆる「バカの壁」が聳え立つ瞬間を目撃した。例えば次のような光景だ。

破壊力があると言われる幹部ほど出世するのはどの組織も同じだろうが、それが「聞く耳」を持たないということと同じだったとすれば外交官として大問題だ。しかし、事を荒立てるのは誰しも嫌なので、かの強面の幹部からの「恫喝」を避けるために、部下はますます「ミスター・ミセス・イエスマン」になっていく。

しかし、外務省幹部が集う会議には、時として「偶発事故」のように、そんな勢いのある幹部の薫陶を受けていない若い課長補佐が紛れ込む時がある。課長補佐とはいっても、十年選手。人によっては、不遜なくらいに自信があるツワモノや、議論好きな者もいる。そして、そんな課長補佐が事もあろうに、こんな発言を並み居る幹部の前でしたりするのだ。「X国から言われたからといって、それがハナから本当だと考えるのはどうでしょうか。筋から言えば……。」

するとここで、かの幹部がもう聞いていられないという感じでお決まりの恫喝を始める。「君、X国が言っていることにどんな誤りがあるというんだ。あるのならこの場で証拠を挙げてみろ。もしそれができないなら、この場で君とそんな青臭い議論をしている暇はない。」

暗に「黙れ」ということなのだが、周囲の苦笑をよそに、課長補佐の方も負けてはいない。食ってかかるように議論を続けるが、彼は決定的に分が悪いのだ。なぜなら、彼の提起した「疑い」は、この国では誰も検証することができないようになっているからだ。こうして「意思決定会議」は、かの幹部の恫喝に圧倒され、当初の予想どおりに物事が決められ、整理されていく。元気な課長補佐も、この繰り返しでは十数年後、同じく思考停止した幹部になってしまうというのもうなずけはしないだろうか。

この例が示すように「報道」を無批判で読み、それにもとづく「外交ルート」の確認作業で満足しているという日本外交をめぐる第一の問題点には、「検証手段の欠如」という第二の問題点が絡んでいる。

確かに、世上で「事実」とされていることが「作られた事実」ではないかと「疑い」を抱いたとしても、その疑いが正しかったということを確認できなければ、単なる思考の徒労に過ぎない。外交官とは、ひと頃のどこかの国の大学（アカデミア）のように、象牙の塔に守られて、頭の中では広大な世界像を構築しつつも、現実の世界には全く影響のない思考を繰り返していればよいという職業ではない。彼・彼女が向き合うのは常に「現実」であり、そこには思考が現実と常に表裏一体となっていなければならないことは言うまでもない。

しかし、ここで忘れてはならないのは、「疑い」を「検証」することができないということは、「検証手段」がそもそもあり得ないということを意味しないということだ。つまり、「検証」が必要だというのなら、「検証手段」を備えればいい。そもそも「検証」そのものの必要性に気付かないのは単なる怠慢だ。——ところが、外務省におけるワークスタイルには、この至極当たり前な発想が欠落してしまっている。その結果、「検証」ができないことを理由に、「ありのままの事実」と「作られた事実」との峻別が放棄され、省全体として思考停止に陥っているのだ。

「外交ルート」の真相

外国の動向をめぐって、ある「情報」がもたらされたとして、それを日本の外務省が「検証」する手立ては、今のところ二つある。一つは、当然のことながら外務大臣の指揮命令下にある在外公館を使った確認だ。そしてもう一つが、国内関係省庁を経由した間接的な「検証」手段を用いた確認作業である。

この内、これまで「外交ルート」による確認作業といってきたものが前者にあたる。冒頭の「北朝鮮における大規模爆発疑惑」であれば、北朝鮮に日本の大使館はないので、同盟国や周辺国、あるいは関連しそうな友好国のすべてに対し、まず「何が起こったのか」についての情報提供を求めるわけだ。

だがたいていの場合、もたらされた「情報」については、その真偽のほどを超えて、「誰が、何のために、どのように操作して作ったのか」まで、思考が東京で重ねられることはない。したがって、この「情報」にもとづき、本省から電報で指示された日本の在外公館に勤める外交官たちとしても、そこにある話は「ありのままの真実」か「ありのままの誤報」のどちらかだという前提で、駐在している国の政府の外交当局の人物に大至急でアポイントメントを申し込み、のこのこと出かけていく。

この時、結局は「真実」か「誤り」かのどちらかだけが分かればよいという態度で臨むので、日本の在外公館の職員自身が、「お土産」（当該「情報」に対し、日本政府が与えることのできる何らかの付加価値）を持って相手国政府から何かを聞き出すことはしない。知っていれば教えてくれるだろうし、知らない、あるいは誤りの話であれば言下に否定されるだろうと思うからだ。そんなイエス・ノー・ゲームのために労力を払いたくないというのは、人情として素直な態度だ。

だが、仮にもたらされた情報が、実はのこのこと出かけていった先の相手国政府自身が何らかの形で関与し、作りあげたものだったとしたらどうだろうか。手ぶらでやってきた日本大使館の人間に、「真実」を教えようとすることがあるだろうか。

こんな時、日本の大使館員を出迎える相手国政府関係者としては、仮に「それは作られた事実です」と言うのであれば、当然、そうやって冒すリスクに見合った対価が必要だ。なぜなら、対価をとれば、いざという時に自国政府部内で「バーターが成立したから真実を教えた」と弁解できるからである。

ところが、我が日本大使館から訓令を携えてやってくる者には、そういった機微を理解する能力を備えているものはほとんどいない。彼らは多くの場合、日本として何の付加価値も付けず、お土産にもならない「情報」だけを持ってきては、その真偽のほどを質問するだけだ。相手国政府の人間からしても、日本側が何もリスクを冒さないのであれば、表面的な説明に終始するだろう。それでもなお、満足して帰っていく日本人外交官を、彼らはどんな顔で見送っているのだろうか。

また、「外交ルート」での確認にこだわるあまり、相手国政府内部ではないがその周辺にいて、相手国政府の人脈や情報のネットワークに深く関わっている人間に確認を求めることはほとんどない。このことは、次章で「政経合体戦略」を扱う時に詳細に述べるが、例えば安全保障問題だからこそ、相手国の財界関係者が精通していることも多々ある。

なぜなら、彼らにとってある国・地域の安全保障環境の状態は、すなわち投資環境の状態につながるからだ。その意味で、財界関係者はこれから危険になる地域からいち早く投資を引き上げるべく、自国の政府関係者と密接な関係を維持せざるを得ない立場にある。その一方で、財界関係者自身は政策の遂行責任を負っていないので、気楽な立場にはいる。だからこそ、こうした相手国財界関係者に「お土産」となる情報をもたらすことで、相手国政府が「作った事実」の真偽や経緯を検証することもできるはずだ。

しかし、悲しいことに、私はこうした「裏技」まで使って検証をしようとする日本人外交官をほとんど見たことがない。そもそも発想として「作られた事実」が頭の中にないのだから致し方ないものの、あまりにもひどい現実だ。

ただ、改めて強調しておきたいのは、日本には情報の「検証」手段がないという時、すぐさま秘密情報機関やハイテク・スパイ手段の不在を連想すべきではないということだ。むしろ重要なのは、もっと当たり前な「情報」に対するリテラシーや意識の問題なのだ。この点についての思考と訓練が、日本の外務省には全くない。

もっとも、外務省だけでやれることには当然限界があり、その意味で、「検証」手段の問題は政府全体としての問題でもある。外務省だけですべてを「検証」できないというのであれば、素直に関係省庁に頼ればいいし、逆もまた然りであるべきだ。

ちなみに日本政府の中にも、通称「インテリジェンス・コミュニティー（情報共同体）」と呼ばれる情報機関の緩やかな連合体がある。これは、外務省のほか防衛庁、警察庁、公安調査庁、内閣情報調査室からなるものだ。そしてこの情報共同体は、隔週一回で「合同情報会議」を開催している。ふだんは縦割りで、情報は各省庁からそのまま総理官邸へとバラバラに伝えられていくが、この会議の「結論」は政府として共有されたものとして、政府上層部へ報告されていく。

そこで大きな存在なのが、情報本部を持つ防衛庁である。防衛庁は、対象国関連の電波情報のほか、商用衛星などからの画像分析、沿岸監視隊による警戒監視など複数の情報に総合的に接する立場にある。これらを通じて得られる情報は、秘匿度の高い「防衛情報」として政府部内の限られた人物にだけ回付されている。

ところが、この防衛庁との関係が必ずしもよくないのが外務省である。日本では戦前から、外務省と軍部の間に激しい争いがある。防衛庁からしてみれば、文官であり、いつもおっとり刀でおしゃべりな外務省は、ややもすれば実際に多くの自衛隊員の命を危険にさらしかねない決定をせざるを得ない自分たちと比較して、不真面目で頼りないのだろう。どちらが優位に立つべきだとは思わないが、いずれにせよ外務省が知らない「事実」が政府部内に流された後に、外務省が後づけで知ることになるということが、北朝鮮情勢をめぐってもままあったことは否めない。

もっとも、先ほどいったような意味での「情報」に関するリテラシーすらないのが外務省だ。関係省庁からすれば、「外交ルート」での確認を金科玉条のようにただただ振りかざす外務省にタダ飯は食わせたくないというのが本音なのかもしれない。それでも現在は、「情報共同体」が意識的に創出され、維持されているのでまだましになったのかもしれないものの、これすらなかったひと昔前は、どんなにか悲惨な状況だったことだろう。

こうした状況について、関係省庁から「検証」手段を借りることすらままならない外務省ひとりだけを責めるわけにはいかない。あくまでも正論を述べるならば、内閣全体として統合的な情報機関を、十分な「検証」手段をもった形で設立することが本当は必要なのだ。

この点について、後藤田正晴（元副総理）は「政府全体の情報組織が必要だ」というのが持論ですねと話を促され、次のとおり述べている（二〇〇四年九月二十一日付朝日新聞インタビュー）。

「絶対必要だ。内閣情報調査室は二〇〇人しかいないから、これではどうにもならない。いま日本に欠けているのは、国全体としての情報収集、分析、それへの対応をする機関。この必要性が皆まだ分かってない。どんな商売でも情報がなければ仕事にならない。ましてや国の運営となったら、情報は不可欠です。」

後藤田はまたこのインタビューの中で、「なぜ戦後の日本には政府全体の情報機関が育たなかったのですか」と尋ねられ、次のように述べてもいる。

「米国依存だから。国の安全は全部米国任せだから、いまのように属国になってしまったんだ。」

ここでいま一度、冒頭述べた「北朝鮮における大規模爆発疑惑」をめぐる省内情勢分析会議における有力幹部の発言を思い出してほしい。結局、何が起こったのか分からないまま、この幹部を始めとした出席者たちが唯一、一致していた点が、「米国は事態をどう見ているのか」だった。私は、まさにここに表われている例、すなわち「同盟国・友好国のインテリジェンス情報は当然に真実だ」という理由なき確信こそ、「情報」をめぐり外務省が抱える第三の問題だと考えている。

インテリジェンス・コミュニティー（情報共同体）は、国内に限定されるものではない。外国の関係機関との間でも頻繁に情報交換が行なわれている。政策部門と情報部門の切り分けがややもすると不鮮明となるという問題点はあるものの、日本でいえば外務省の国際情報統括官組織

（旧国際情報局）もこうした諸外国の情報機関との関係では主要なコンタクトポイントである。

しかし、ここでもまた「情報リテラシー」のなさが頻繁に露呈しているのだ。「検証」手段を持たず、また持つ意識も育ててきていなかった外務省の「情報担当」ほど、諸外国の情報機関にとって御しやすい相手はいないだろう。彼らは言ってみれば、熱心な学生のようなもので、たとえ当該国が作った事実であったとしてもそれを疑うことなく信じてくれる「上客」だ。日本の外務省の側においては、「情報」は「真実」の伝達手段であるのとともに、「操作」の手段でもあって、悪魔の元へ辿ることができるという意識が全く見られない。

むしろ、私が外務省の日常光景としてみたものは、同盟国・友好国の情報機関から得た「情報」を、いかに迅速に総理の耳にまで入れるかだけに熱心な「能吏」たちの姿だった。そこには伝えられた「情報」を疑うことなく、ただひたすら突っ走る馬車馬にも似た素朴さすら感じていたのは私だけだろうか。

情報機関がすなわち「工作機関」でもあるということは、次のような喩え話をすれば理解していただけるかもしれない。

最近、日本で評判をよんでいるコンピューターソフトの一つに、「どのタレントを出すのが、特定の新製品のＣＭとして最も効果的なのか」を自動的に分析してくれるものがある。売りたいと思う製品の属性と、タレントたちの特性とをマッチングさせてくれるものだ。

これまでタレントと商品のマーケティングの間に合理的な考え方が想定されたことがなかったため、単に流行っているから、売れているからという理由で、ミスマッチなタレントをCMに起用する例が多かったと聞く。ところが、このソフトによって、最低限の費用で的確なマーケティングができるようになったと大好評である。

もっともこのソフト、実は「逆向き」に利用すると、企業のリストラ用にも用いることができるのだという。つまり、企業成績を上げるための人材起用ではなく、そこから外れる人材の排除にも使えるというわけだ。ポジティブな効果からネガティブな効果への転換の間にあるものは、たったクリック一回である。

情報機関と工作機関との関係もこれと同じだ。同盟国・友好国との関係を、「情報」の共有を通じた協調行動によってさらに緊密にするという流れがひとつにはあり、ここに情報機関が顔をのぞかせる。しかし、誤った情報（disinformation）をあえて流すことにより、「同盟国・友好国」の発想を混乱させ、行動を操作することもできる。これが、同じ情報機関が持つ工作機関としてのもう一つの顔なのだ。

「情報」をめぐるリテラシーを持っている者は、情報機関という将棋の駒を裏返した「成り金」が工作機関でもあり得るということを十分に分かっている。しかし、「作られた事実」と「ありのままの事実」を区別する能力すらない者は、ただただ盲信と盲従を繰り返すだけで、結局は操作の対象でしかない。ここまで読み進めてきた読者の眼には、日本の外務省がこのどちらにあてはまるのかは、もはや一目瞭然だろう。

私はここで述べた外務省と「情報（インテリジェンス）」をめぐる三つの問題点をすべてクリアした能力を持っている状態のことを、「情報力がある」状態だと呼ぶべきだと考えている。外務省にいるとしばしば、プレスや特定の外交官から聞き込んだ噂話の量を競って「情報通」であるとかないとか呼称することが多いが、私に言わせればそれは単なる「耳年増」にすぎない。

本当に必要な「情報（インテリジェンス）」とは、①その「インテリジェンス」が「作られた事実」を伝えるものなのか、「ありのままの事実」を伝えるものなのかを識別する能力（リテラシー）を持っていることであり、②「インテリジェンス」を「検証」する手段を直接・間接的に有していることである。さらにいえば③「インテリジェンス」は「真実の伝達」だけではなく「操作」のための手段でもあり、その意味で、友人であっても「操作」の魔の手を持っている危険性があることを常に意識していること、の三つを兼ね備えた力であるはずだ。

「世界秩序」としての「インテリジェンス」

ここで再び、老翁・後藤田正晴の言葉を聞いてみたい。「新たな政府の情報機関を作るとして、どういう内容のものであるべきだとお考えですか」と尋ねられ、後藤田は次のように答えている。

「謀略はすべきでない。かつて坂田道太防衛庁長官（七四年～七六年）が『ウサギは相手をやっつける動物ではないが、自分を守るために長い耳がある』と言ったが、僕は日本という国を運営するうえで必要な各国の総合的な情報をとる『長い耳』が必要だと思う。ただ、これはうっかりすると、両刃《もろは》の剣になる。いまの政府、政治でコントロールできるかとなると、そこは僕も迷うんだけどね。」

後藤田が慧眼の持ち主であることは、「情報」の本質を、これだけ短い言葉の中でありながらしっかりとつかんでいることにも示されている。「情報（インテリジェンス）」とは国家にとって、政策の前提となる総合的な情報という意味で必要だという指摘である。

「各国の総合的な情報」という言葉に、私は「各国がほぼ一致して『世界はこうだ』と認識している事項の集合」という意味を見て取る。これはあるいは国際社会全体に漂っている何らかの秩序こそが「インテリジェンス」の本質であるという意味で、「世界秩序」と言い換えてもいいかもしれない。

そして「インテリジェンス」の前提としては、すでに何らかのまとまった世界の状態、状況があり、これについて知らない者に知っている者が教えるという作用がある。そうである以上、今度はすでに存在している「世界の状態、状況」、あるいは「世界秩序」とは一体何であるのかが気になるところだ。

話を外務省、そして外交の世界に引き戻そう。外交の世界でいう「世界秩序」とは特に近代社会が成立して以降、いわゆる覇権（ヘゲモニー）をとった国家が打ち立て、維持するものである。

そもそも「覇権」といった時、読者は何を想像されるだろうか。この概念について最も鋭敏で示唆に富む研究を続けてきたウォーラーステイン（Immanuel Wallerstein）によれば、「覇権」とは生産、流通、金融そして軍事といったすべての面において、ある中心国が他のすべての国を凌駕した時のことを指すという。この「覇権」をめぐる研究は、主に米国において、世界経済の長波と世界政治の長波とを本格的に関連させる試みとして行なわれてきた。その背景には、これらの研究が熱心に行なわれてきた時代は、米ソの両超大国が文字どおり「覇権」を争う時期だったことが挙げられよう。

冷戦構造が崩壊し、米国の「覇権」が明らかになる九〇年代に入るまで、「この先の世界秩序は誰が創るのか」という「覇権」をめぐる研究は、すぐれて現実政治上の関心と重なるものだった。その意味で国際政治経済学におけるウォーラーステイン、あるいはモデルスキー（George Modelski）らによる「覇権」をめぐる研究は、冷静な現状分析という枠を超えて、「それでは米国として何をすべきなのか」という現実政治上の関心からいっても示唆に富むものだったと言えよう。

彼らの「覇権」をめぐる研究は、一般に「世界システム論」と呼ばれている。そしてそのベースとなったのが、世界経済の景気循環サイクルに関する一連の研究であった。コンドラチェフ、あるいはシュンペーターによるこうした議論の間の差異を詳細に検討し始めればきりがない。だが、世界経済でほぼ定期的に景気循環がなされる以上、富の分配をめぐり、未来永劫にわたって一国が支配的な地位を独占し続けることは不可能だと述べる点で、彼らの意見は一致していた。

実際、世界史の現状における「到達点」の一つが市場経済主義であると考えた時、いわゆる「覇権」は近代以降、四つの国家にまたがって推移してきたといえる。すなわち、十五世紀中頃からのハプスブルク王朝、十六世紀中頃からのオランダ、十八世紀末からの英国、そして十九世紀末からの米国である。

このように歴史が実証しているかのように見える以上、今は「覇権国」でないものの、勢いのある国から見れば、この議論は、次は自らが覇権国になる可能性を示唆してくれるものだ。実際、私が大学で学びはじめた一九九〇年当時の日本は、依然としてこうした「勢いのある国＝挑戦者」としてとらえられていた。そして、キャンパスでは「国際関係論」が、冷戦構造崩壊後に日本による新たな「覇権」を実証しつつある学問として、学生たちの関心を強く引き付けていたことを懐かしく思い出す。

例えば、ウォーラーステインは彼のいう世界システム論において、覇権の興亡は次の四つのサイクルで構成されるのだという（田中明彦『世界システム』東京大学出版会参照）。

（一）覇権国の勃興――覇権の継承をめぐって他の中心国と激烈な競争が起こる。
（二）覇権国の勝利――衰退する「旧」覇権国を「新」覇権国が追い越す。
（三）覇権国の成熟――真の覇権。
（四）覇権国の衰退――継承を狙う国々の間での激烈な競争。

そしてこの議論によれば、イギリスが第四段階に入ったのが一八七三年の恐慌であり、その時期は一八九七年まで約二十五年間続く。他方で米国が第四段階に入るのは一九六七年であったとも仮定しており、同じスケールで世界史が推移すると、次なる覇権国が現われるのは九〇年代初頭となる「はず」だった。

もちろんこうした議論に対しては、そもそも米国の「覇権」を論じるにしても、もう一つの超大国であった「ソ連」の位置づけが不明だという批判もあろう。確かに経済上は米国がソ連を凌駕していたとしても、軍事的に本当に「凌駕」していたなら、当時の軍拡競争はあり得なかったはずだからだ。

そして、現実はというと、挑戦者であったソ連は息切れをし、やがては崩壊していく。同時に、本来であれば次なる覇権国として君臨することが（今となっては滑稽なほどに）想定されていた日本もまた、バブル経済の崩壊に伴い、現在に至るまでかつてない低迷した状況をさ迷うことになるのだ。そんななか、誰が生き残ったのかといえば、答えは自明だ。――米国、ただ一国である。

なぜ米国だけが生き残ったのかについての議論は多々あるだろう。しかし私自身は、米国がある段階で、明確に「インテリジェンス」をコアにした国家としての対外戦略を意識したことに勝因があるのではないかと見ている。そのことを教えてくれるのが、実はこれまで紹介してきた「世界システム論」なのだ。

この指摘は、一見したところ矛盾しているように聞こえるかもしれない。なぜなら、世界システム論は景気循環論を前提としている以上、日本でいえば「栄枯盛衰」の掟を覇権国も免れないと論ずるものだからだ。したがって、現代の覇権国である米国にとって、それは自らの衰退を予告する不吉な議論であったに違いない。

しかしこれは、今から考えてみるとこれはこの示唆に富む「世界システム論」が持つ一つの側面に過ぎなかったのかもしれないのだ。つまり「世界システム論」は、すでに覇権を握った側から見れば、何が自らの覇権に綻びを生じさせるものなのかを教える議論でもある。そうした綻びの元凶を封じ込めれば、「覇権」はやがて永続化への道を辿りはじめる。

「世界システム論」の前提となっている景気循環論は、極めて大雑把にいえば、大規模な投資が世界市場で繰り返し行なわれることをベースとしている。そして、その一つの大きな引き金となるのが、経済が下降局面において、生産費用を削減させようとするインセンティブが生じるなかで行なわれる技術革新（イノベーション）だ。技術革新とは新たなモノを創り出す能力を生み出すことである。新たなモノが生まれる以上、新たな市場が「発見」され、それが売れ筋と見られるや否や、大規模な投資が行なわれることになる。

それではそうした「技術革新」とは、どうやったら可能になるのだろうか。「世界システム論」は経済を巨視（マクロ）的に眺めるものであり、こうした問いについては、その方向性は指し示しても、必ずしもつきつめて考えてきた議論とは思われない。しかし、この議論の延長線上に経済を微細（ミクロ）に見る思考を繋ぎあわせると、一気に疑問が氷解する。

経済をミクロに見るとは、すなわち経済を企業単位で見て、その「経営戦略」を問うということだ。企業は互いに市場（マーケット）での優位を目指して競合しあう存在である。そのために企業は、自らが持っているあらゆる経営資源を投入し、日々、競い合う。その時、伝統的な経済学の思考法は、ヒト・モノ・カネといった目に見える経営資源にだけ着目する癖があった。これに対し、企業活動の本当の成否はこうした目に見える資源が決めているのではないかという議論が、経済をミクロに見る経営学の世界では主流になりつつある。

日本におけるこの分野での第一人者である伊丹敬之らは次のように述べている（伊丹敬之、西野和美編著『ケースブック　経営戦略の論理』日本経済新聞社）。

「企業活動の本当の成否は（引用者注――ヒト・モノ・カネといった）こうした目に見える資源が決めているのではない。技術開発力、熟練やノウハウ、特許、ブランド、顧客の信頼、顧客情報の蓄積、組織風土といった、目に見えない資源こそが企業の発展のカギを握っている。これらの資源を『見えざる資産』と呼ぶと、それはじつはすべてが情報にからんだ資源であることがわかる。」

マクロ経済でいう「技術革新」であれ、結局は顧客にとっての需要（ニーズ）にかなったモノを生み出さなければ意味はない。また、誰がどういう技術やアイデアを持っているかという情報、あるいはその情報を生かせる人物のところに、果たして社内でルートがつながっているかなど、企業がクリアーすべき「情報」をめぐる課題は常に山積みとなっている。

ひっくり返していえば、この「情報」という「見えない資産」に関する問題を最優先課題として位置づけ、そこでの優位を確保することが企業、そして国家にとって最重要なのだ。なぜなら「情報」を制するものは、このように「目に見える経営資源」を最適活用できるものであり、次なる技術革新を制するからだ。そして、次なる技術革新を制するものは世界市場での大規模投資を制するものであり、ひいてはそうしてでき上がった「覇権」への綻びが予防されることになるのである。

それでは、どうすれば「情報」をめぐる競争に打ち勝つことができるのだろうか。その答えを与えてくれるのが、かつてジンメル（Georg Simmel）が唱え、やがて一九七〇年代以降の米国で全面開花する「ネットワーク分析」である。

個人に限らず、あらゆる組織についてもその相関関係をネットワークとしてとらえ、分析するのがこのネットワーク分析である。この分野で日本における第一人者である安田雪が指摘するとおり、日本ではとかく「人柄」や「土地柄」といった曖昧模糊としたものに還元され、結果として思考停止がなされてきた分野に脚光をあてる議論でもある（安田雪『ネットワーク分析　何が行為を決定するか』新曜社参照）。

これまで述べてきた「情報」が持つ力との関係でいえば、ネットワーク分析は「媒介中心性(Betweenness Centrality)」という概念を提唱する。つまり、他者との関係を媒介する力が強い人ほど、そのネットワークで中心的な存在であるという考え方だ。

例えば今ここにAさん、Bさん、Cさん、Dさんの四人がいたとする。Aさんは他の三名の友人であるが、これら他の三名は互いにまだ知り合っていない状況であったとしたらどうか。

仮にBさんが新たなアイデアをもっていて、これを活用できそうだとAさんから聞かされているCさんに話をしたいと思っているとしよう。Cさんを直接知らない以上、BさんとしてはAさんに伝言を依頼せざるを得なくなる。CさんからBさんについても同じであり、Dさんとの関係についても同様だ。

この時、Aさんは「ハブ（hub）」として、強力な媒介中心性を有している。そして、このネットワーク内で流れる情報は、すべて自分を通らなければならない仕組みになっている以上、Aさんはいわば常

4名の関係図

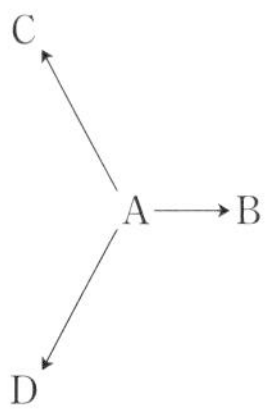

に情報の「良いとこ取り」ができる立場にある。

他方、Aさん自身はハブとしての「覇権」を維持したい時、どのような行動に出るだろうか。恐らくはまず、B、C、Dの他三者が互いに直接接触することを阻止するために手を尽くすであろう。また、仮にBが自分よりよいアイデアをもってそれを単独で実現しようとしていることを察知すれば、さまざまな手段をつかってこれに制裁を与え、「自分を通すように」求めることだろう。

このようにネットワーク分析の基本的な概念である「媒介中心性」の考え方を用いれば、「情報」をめぐる競争にどうすれば打ち勝つことができるかが分かる。それは、ひとことで言えば、「ハブ」としての地位を保つために、あらゆる手段を用いるべしということに尽きるだろう。

2001年5月4日、国外退去処分を受け、成田から北京へ向かう「金正男」(写真提供：毎日新聞社)

「情報(インテリジェンス)」へのアレルギーを超えて

後藤田が言うとおり、「インテリジェンス」を持つということは、ただちに現に国際社会に存在する「覇権」を否定することにはつながらない。むしろそれは、「覇権」の存在を明示的に認識し、「覇権」が設定するルールをもって演じられるゲームの中での「最高得点」を獲得するために、死活的な重要性を持つ力なのではなかろうか。

「インテリジェンス」を持たないことがいかにナンセンスであるかは、次のような光景を想像すれば理解できる。——Jリーグのサッカーの試合に、いきなり幼稚園児が放り込まれたとする。当然、プレーヤーたちはルールに則り、最高得点を求めて死闘を繰り返している。だが、我が幼稚園児はといえば、ルールを理解できないものの、何やら楽しそうなので一緒に走り回って右往左往しているだけだ。

もちろん、幼い子供を相手に筋肉隆々の選手たちが本気でシュートを打ち込むはずがない。だから、たまたま幼稚園児の前にボールが来れば、プレーヤーたちは幼稚園児がボールと戯れる姿を微笑ましく感じて、見守ってくれるかもしれない。

しかし、仮に幼稚園児が中・高校生になり、大学生になったらどうか。ほとんど大人に近い体格を持った相手を目の前にして、選手たちがいつまでもそれまでの甘い態度で接してくれるはずはないだろう。ところが、それに気付いておらず、ルールも知らず、ただただ偶然にだけ身を委ねて不遇をかこっている、それが今の日本であり、日本外交なのだ。

もちろん、「インテリジェンス（情報）」という言葉に、依然として根強い反感が日本社会の中にあることは事実だ。「情報といえば聞こえが良いが、要するに戦前の諜報と同じだろう」と言い、表現の自由、あるいは通信の秘密（日本国憲法第二十一条）を盾に鋭い反発を示す向きも少なくはない。

だがその一方で、日本では経済界が政界・官界、さらにはアカデミズムとともに、もろ手を挙げて「マルチメディア」あるいは「情報化社会」を推進してきたことも事実だ。現に人々はインターネットを日常的に用い、携帯電話を操ることで日常生活を織り成している。

このような「情報」をめぐる日本における相反する二つの状況、つまり「情報」への嫌悪感の存在と、「情報」の過剰吸収という現状を今、私たちは改めて見詰め直すべきだと私は思っている。なぜなら、こうした相反する感情の谷間で、「インテリジェンス」は外務省、ひいては日本外交のなかで戦後、根づくことはなかったからだ。

私が少なくともこの本の中で「情報機関」の新設といった、とかく役人が好む「機構論」にまずは励まない理由も賢明な読者にはすでにお分かりだと思う。なぜなら、日本外交に求められているのは、第一に「インテリジェンス」という発想そのものだからだ。そしてそれは、大量の税金を投入して、新たな役所を不明瞭な権限をもって創る以前に必要なことなのである。「インテリジェンス」が明示的に認識されていない限り、いかなる道具立てが用意されたとしても無意味だ。そして「インテリジェンス」があってこそ、日本は国際社会を覆う「覇権」がつくるゲームのルールを理解し、そのなかで最高得点を目指すことができるのだ。

最終的には国家の盛衰をもたらす「インテリジェンス」が最も行き来するのが、先ほど述べたとおり、技術革新をめぐる経営の現場だ。その情報を日々集積し、交換する中心が証券・金融取引市場である。幸い、依然として東京がその一つの中心であることは言うまでもない。

そうである以上、私は外務省こそ、さまざまな情報が交叉する市場（マーケット）を含む国内に目を向け、そこに溢れてはいるものの、「インテリジェンス」なくしては見えない「情報」の宝の山を見つけるべきだと考えている。このことの意義も含め、次章ではさらに突っ込んで「外交・政治」と「経済」の不即不離な関係について考えてみたい。

第二章　北の大地に眠る鉱物資源

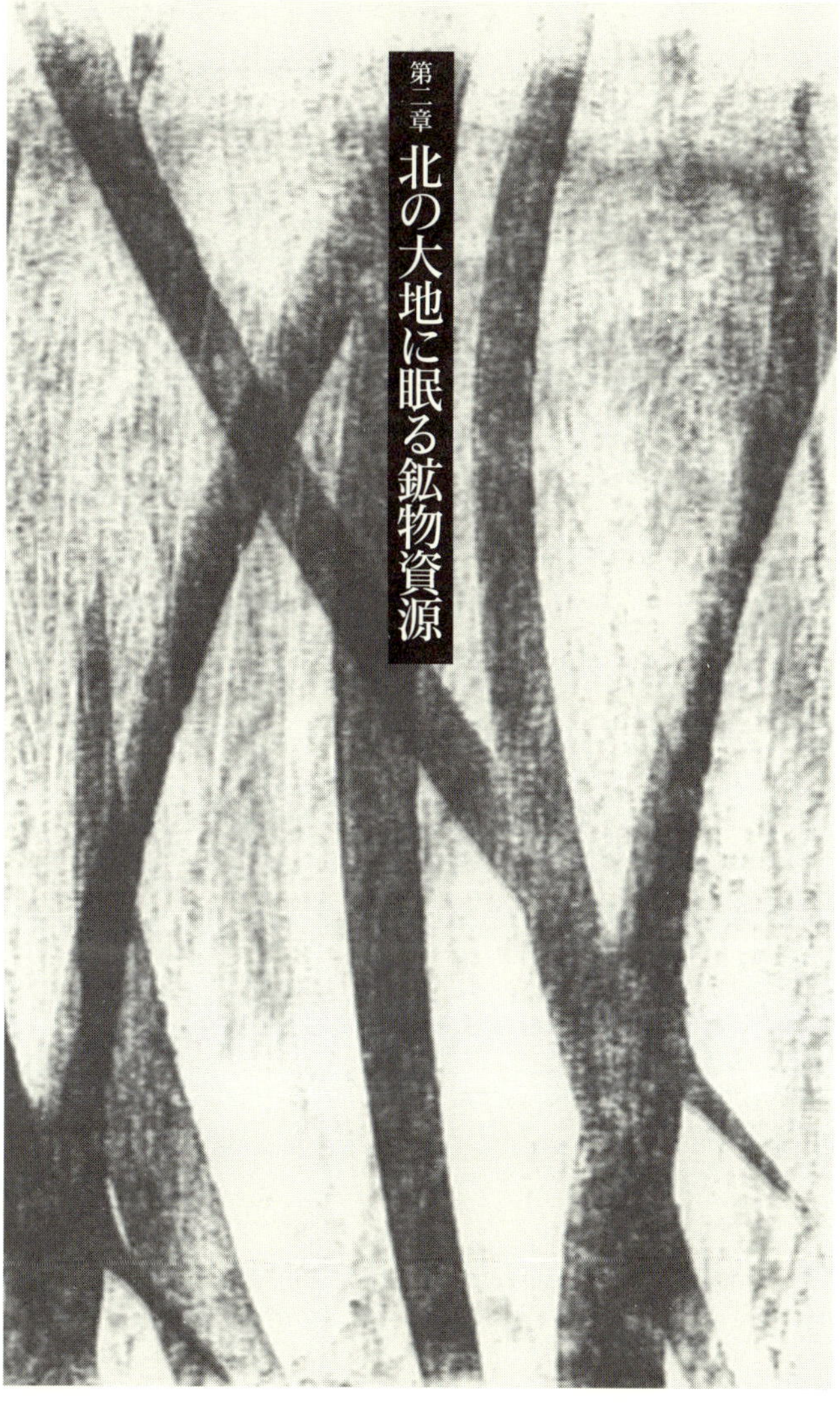

「なぜ今、北朝鮮なのか」——上司との会話

外務省に勤めていると、驚くしかないほど、他人の人事情報に詳しい同僚がたまにいる。どこから情報を仕入れているのか、幹部人事にとどまらず、こうやって書いている私自身の人事まで言い当ててしまうくらいなのだから、それはもはや単なる驚きを通り越してしまっている。

俸給が法律によって一律である役人にとって、唯一のインセンティブ（?）となっている人事について情報を得るには多分、上司と懇ろな付き合いをしている必要があるのだろう。しかし私はというと、「人事は天命」とばかりに端《はな》から関心がなかったので、当然、上司との付き合いも「疎遠」な方だったのかもしれない。

ちなみに私は上司に限らず、同期ともほとんど「没交渉」だったが、前章で述べた「ネットワーク分析」を用いるとその合理性が実証できるらしい。つまり、「今の自分に欠けている情報を得るためには、自分と関係が重複しない人々やメディアを情報源としている人々と接触する必要がある」というわけだ（安田雪『人脈づくりの科学 「人と人との関係」に隠された力を探る』日本経済新聞社）。

もっともそういう「能書き」はともかく、さすがに没交渉すぎる私のことが心配になったのか、ある日、上司が仕事の会食の帰り途、飲みに誘ってくれた。私も外交官の端くれであり、さすが

に面と向かって上司からの誘いを断わるほど無礼ではない。むしろ進んで西麻布を共に徘徊し、やがて「星条旗通り」の傍らにある、兎がトレードマークの小粋なバーに到着した。時間はすでに午後十一時をまわっている。

上司にもよりけりだとは思うものの、やはり上司が下僚を飲みに誘う時というのは、「訓示調」になってしまうものだ。特に、忙しい部署だというのに、「ネットワーク分析」論の結論よろしく仕事が終わるとさっさといなくなる私に、上司はお決まりのお小言を始めた。

もっとも私にしてみれば、「時は金なり」だ。結論が分かっている議論を聞いているほど、正直こちらは「暇」ではない。そう思った私は、前々から思っていた「巨大な疑問」を上司に対してぶつけてみた。

「どうして北朝鮮との国交正常化が必要なのだと思いますか？　部下たちは、どういったヴィジョンを上司が持っているのか、それを知りたがっています。部下にしてみれば、自らの仕事はそのヴィジョンから演繹されるものでしょうから、ヴィジョンがなければ仕事できないのです。」

すでに赤ら顔の上司は、一見、外交にはおよそ無関心のように見えた私が、こんなストレートな質問をしてくるのにかなり面食らったようだ。言葉をのみ込むようにして慎重に、据わった目をしながら彼はこう答えた。

「それは君、贖罪だよ、贖罪。終戦前の朝鮮半島における過去に対する贖罪だよ。それに尽きる。そう思う、僕は。」

それ以上、彼が言葉を継ぎそうもないことを確認してから、私は次のように言葉を返した。

「過去については分かりました。では、未来についてはどうですか。未来永劫、私たちは贖罪、すなわち謝り、償い続けることだけが対北朝鮮外交なのですか。」

それは君、とまた上司は繰り返し言いつつ、北東アジアにおいて北朝鮮という「独裁国家」が持っている安全保障上のリスクについて語り始めた。曰く、核問題であり、ミサイル問題、そしてそれ以外の大量破壊兵器問題もある。そうした北東アジア地域特有の安全保障上のリスクを軽減するためにも、日朝国交正常化が必要だ、と上司は言う。しかし、そこには日朝国交正常化を実現したら、何かが目に見えて変わるという「分かりやすい論理」は見えてこない。

これ以上、彼の口から「論理らしきもの」が出てこないことを見定めてから、私は自分の考えをようやく切り出した。もちろん、上司からすれば、そんな答えが私の口から出てくるとは思いも寄らなかったはずだ。

「もちろん、北朝鮮という地域を短絡的に考えることは避けるべきだとは思います。安全保障上のリスクも十分に考慮すべきですし、過去の問題もあります。さらにいえば、拉致問題という国家としての責任に関わる問題もあるでしょう。

でも、私にはそれだけだとは思えないのです。むしろ私は、北朝鮮という地域を考える時、そこに眠っている希少鉱物については避けては通れないと思っています。そして、この点をどう考えるかによって、日本の対北朝鮮外交は大きく変わってくるとも思うのです。」

そんな君、とまたまた上司は繰り返しながら、反駁する。――「確かに、レア・メタル（希少金属）の問題は資源外交の一環として避けては通れないかもしれない。しかし、よりによって『北朝鮮』についてそんな問題を持ち出してくるとは。」

北朝鮮については、専門家ではなくとも、省内で物事をむしろ知っている方に属しているはずの上司は、そう言って口を尖らせた。希少金属なんていう切り口から、北朝鮮問題といった外交上の「大問題」を考えるのは明らかに間違っている、そう言いたげだった。

日朝平壌宣言に署名する小泉純一郎総理大臣と金正日国防委員会委員長（写真提供：毎日新聞社）

だが、分からない人間にはどんな真理であっても分からないし、読んだことのない資料について会話をすることほど「優れた官僚」にとって苦になることはないだろう。そう思い、私は上司が不機嫌になる前に再び、「仕事には無関心」な下僚の姿に戻ることにした。その時の会話が、あとは空回りするだけのものとなったことは言うまでもない。

北東アジア課北朝鮮班長をつとめる私が北朝鮮、いや朝鮮半島全体について日本が外交を展開する時に、「過去」を忘れてはならないことを知らないわけはない。今後の日朝関係の基礎となっている政治宣言＝「日朝平壌宣言」（二〇〇二年九月十七日に小泉総理大臣と金正日国防委員会委員長が署名）にはいわゆる「過去の問題」に関連して、次のような条りがある。

「二、日本側は、過去の植民地支配によって、朝鮮の人々に多大の損害と苦痛を与えたという歴史の事実を謙虚に受け止め、痛切な反省と心からのお詫びの気持ちを表明した。

双方は、日本側が朝鮮民主主義人民共和国側に対して、国交正常化の後、双方が適切と考える期間にわたり、無償資金協力、低金利の長期借款供与及び国際機関を通じた人道主義的支援等の経済協力を実施し、また、民間経済活動を支援する見地から国際協力銀行等による融資、信用供与等が実施されることが、この宣言の精神に合致するとの基本認識の下、国交正常化交渉において、経済協力の具体的な規模と内容を誠実に協議することとした。

双方は、国交正常化を実現するにあたっては、一九四五年八月十五日以前に生じた事由に基づく両国及びその国民のすべての財産及び請求権を相互に放棄するとの基本原則に従い、国交正常化交渉においてこれを具体的に協議することとした。」

このように「過去の問題」に関して日本の取るべき立場はすでに明確だ。しかし、問題は「それだけなのか」という点なのである。もっといえば、およそ使われる蓋然性の少ない大量破壊兵器や、引き続き真相の徹底追求と国家責任を北朝鮮側に求めるべき拉致問題以外に、北朝鮮外交の柱はないのかということだ。

その大きな柱として私が考えているものの一つが、彼の地に眠っている希少金属なのだ。なぜそう考えるのかは、いわゆる「過去の問題」と同じく、「過去」をひもとくことによってだけ理解できる。


ここで話は戦前にさかのぼる。一九四五年に終戦を迎え、「大日本帝国」による朝鮮統治が終わるまでの歴史を振り返ってみたい。

悪名高き「韓国併合」(一九一〇年)の後に、日本がどのような植民地統治を朝鮮半島で展開していたかについては、案外知られていない史実も多い。もちろん、朝鮮人に対する当時の差別的な待遇は広く知られてはいる。だが、例えば法制度一つをとっても、そこでどういった「植民地法制」が敷かれていたかについては戦後、江橋崇《えばしたかし》らによる研究といった一部の例外を除き、ほぼ無視されてきたといっても過言ではない。終戦に伴い、「植民地」を喪失した以上、アクチュアルな話題ではもはやないからというのが表向きの理由ではあろう。関心の喪失は、やがて「記憶」の喪失を招く。ひいては、「書かれた出来事」としての「歴史」そのものから「事実」が消えていく。

同じことは、「そもそもなぜ、戦前の日本人は北朝鮮にまで出ていったのか」という、そもそも論の問いについても言える。そうした問いかけをすることなく、日本ではしばしば「戦後賠償問題」を感情的に云々することだけが横行している。

それよりも前に、「どうして北朝鮮に入っていったのか」について、当時の人々の「動機」を、偏見にとらわれることなく同時代的に追体験することがまず必要なのではなかろうか。そうした作業を経ることなくして、当時の「社会的現実」を把握することは不可能であろうし、本当の意味での「贖罪」もできないはずではなかろうか。

こう考えた時、植民地法制についてと同様、もはや目立たぬ分野ではあるが、わずかな研究者が精緻な研究を重ねているのが、北朝鮮における鉱工業の発展状況についてである。この点において、ロシアが最近公開した史料も含めて丁寧な史料分析を行なった最も優れた研究書のひとつと言えるのが、木村光彦と安部桂司の共著『北朝鮮の軍事工業化』(知泉書館)である。

これによればまず、併合前後から北朝鮮では石炭、鉄、銅、金銀などの鉱山開発が、官民あげて活発に進められた。特に当初、着目されたのが、現在に至るまで北朝鮮の主たる鉱業産品となる無煙炭である。平南《ピョンナム》から豊富に産出するこの無煙炭を皮切りに、次々に鉱山開発が開始されていった。

また鉱工業を支えるために、発電所、鉄道、港湾の新設・拡張も進められていった。さらに大規模な水力発電所の開発は、その電力を利用した化学肥料の大量生産を可能とした。その結果、北朝鮮地域には、一九二〇年代には世界屈指の化学コンビナートが建設されるに至ったのである。

地域について見れば、域内に清津《チョンジン》などの天然の良港を含む「北鮮工業地帯」と、鉄鉱石、石炭、

鉱物資源とその用途、北朝鮮における分布状況

A．石　炭

炭種	1次用途	最終用途	分布状況
無煙炭	燃料	煉炭、豆炭、カーバイド焼成・電極、暖房	平南に富鉱あり
褐炭	燃料、化学材料	鉄道・船舶・発電所・工場ボイラー、暖房、化学製品	咸北・南、平南に富鉱あり
瀝青炭（粘結炭）	コークス	製鉄、鋳物	ほとんど存せず

B．その他（金属・非金属）鉱物

鉱物または化学物質	含有鉱石	1次用途	主たる最終製品・用途	分布状況（産地）
黒鉛	黒鉛鉱	電極、坩堝	電気炉、原子炉	平北に世界的富鉱あり
燐	燐灰石	化学材料	燐肥料、爆薬	咸南・端川郡。戦時末期に咸北で富鉱発見
カリウム	加里長石	化学材料	カリ肥料	戦時期に探鉱中
シリカ	珪石	化学材料	耐火煉瓦、研磨材、ガラス	豊富
シリコン	珪砂	合金、特殊鋼	変圧器、電線	〃
硼素（硼砂）	小藤石、電気石	化学材料	光学機器、火薬、琺瑯鉄器、熔接	戦時末期に黄海道で小藤石鉱床発見
マグネシウム	マグネサイト、苦汁	合金、化学材料	航空機機体、耐火煉瓦、照明弾、焼夷弾	咸南・端川郡にマグネサイト富鉱あり
アルミニウム	明礬石、礬土頁岩、高嶺土、霞石	合金、化学材料	航空機機体、機器部品、焼夷弾	貧鉱のみ
アンチモン	輝安鉱	合金、化学材料	活字、色素、薬品	僅少

＊ 69-74頁に掲げた表は『北朝鮮の軍事工業化』（知泉書館、2003年刊）からの引用であることをお断わりしておく。

トリウム、セリウム、ランタン、ウラン	モナザイト(重砂)、褐簾石、コロンブ石	合金、化学材料、電極	航空機機体、塗料、探照灯（光源用炭素棒）、核燃料	豊富
モリブデン	水鉛	特殊鋼、化学材料	高級工具、爆薬、燃料	僅少
マンガン	マンガン鉱	特殊鋼、化学材料	高級工具、計測器、薬品	〃
クロム	クロム鉱	特殊鋼、化学材料	高級工具、航空機機体、耐火煉瓦、耐食メッキ	〃
バリウム	重晶石	合金、化学材料	爆薬、染料、製紙、写真、インク、ガラス、薬品	江原道に富鉱あり
ストロンチウム	〃	化学材料	発光塗料、火工品、夜間信号弾	〃
ニッケル	ニッケル鉱	特殊鋼、合金	砲身、銃弾被甲	咸南・端川郡、江原・伊川郡
コバルト	コバルト鉱	特殊鋼、化学材料	航空機機体、高級工具	咸・端川郡
タングステン	重石	特殊鋼	高級工具、軽機関銃、小銃、鉄兜、防盾	黄海道・谷山に東洋一の富鉱あり
カドミウム	亜鉛鉱	合金、化学材料	軸受、メッキ、顔料	豊富
ハロゲン	蛍石、氷晶石	化学材料	製鉄、アルミ製錬	〃
ベリリウム	緑柱石	特殊鋼、化学材料	高級工具、金属反射鏡、爆薬、燃料	平北、江原
ジルコニウム	風信子石、重砂	特殊鋼、化学材料	高級工具、戦車・艦艇装甲、航空機機体、機器部品、爆薬、燃料、耐火材料	戦時期に咸北・双龍鉱山で大鉱床を発見
ニオブ、タンタル	コロンブ石、タンタル石	特殊鋼、電極、化学材料	通信機器(超短波用真空管陽極)、航空機機体、高級工具、電気炉、特殊化学機械	平北・朔州に世界的富鉱あり。平北・亀城郡銀谷鉱山

チタニウム	金紅石、チタン鉄鉱、黒砂	特殊鋼、化学材料	高級工具、熔接、発煙剤	平南・順川郡、咸北・吉州郡、江原・平康郡
リチウム	リシャ雲母、輝石	合金、化学材料	航空機機体、蛍光剤、目標用焼夷弾、原子炉	豊富。戦時期に咸南・文川郡で世界的な輝石鉱床を発見
雲母	雲母鉱	断熱材、絶縁体	機器部品	各地方に存す
ラジウム	ピッチブレンド	化学材料	蛍光剤、通信機、光学機器	僅少
石綿	蛇紋石、閃石	補強繊維	保護服、絶縁体、板材充填材	〃
銅	銅鉱	金属、合金	電線、砲弾、薬莢、信管、車輪	各地方に存す
鉛	鉛鉱	金属、合金	缶詰、雷管	〃
亜鉛	亜鉛鉱	合金	砲弾、薬莢、信管、車輪	〃
錫	錫鉱	合金	活字、メッキ、顔料	ほとんど存せず
白金	白金鉱	金属、化学材料	電気機器、信管、触媒	〃
水銀	辰砂	化学材料	砲弾薬、小銃実包、雷汞	〃

注）B．は戦時末期の軍事目的を中心に用途を記した。金、銀、鉄の記述は省いた。ハロゲンはフッ素、塩素、臭素、ヨウ素、アスタチンの総称。ニオブ（ニオビウム）は、別称コロンビウム。賦存状況は戦時期の資料にもとづいて推測した。「豊富」、「僅少」は絶対的・固定的な概念ではなく、需要の大きさ、技術あるいは政策によって変わる相対的・流動的概念である。「大鉱床発見」は、必ずしも厳密な探査にもとづくものではなく、当時の希望的観測にすぎない可能性がある。

出所）吉田豊彦『軍需工業動員ニ関スル常識的説明』偕行社、1927年、306-14頁。「新兵器の強化と稀有元素金属」『大陸東洋経済』1943年11月15日号、22-23頁、木野崎吉郎「地質学上より見たる朝鮮の稀元素資源」『朝鮮鉱業会誌』第27巻1号、1944年、7-8頁、「稀元素展覧会説明書」同、第27巻2号、1944年、8-13頁、「稀元素総覧」同、第27巻3号、1944年、1-50頁、『殖銀調査月報』第79号、1945年、19頁。

終戦時の北朝鮮の大規模工場：事業投資額、従業員数、主要製品

A．製鉄業

企業名	工場所在地	操業開始年	事業投資額	従業員数	主要製品
日本製鉄	兼二浦	1918	124,478	5,770[a]	銑鉄、鋼塊、圧延材
〃	清津	1942		2,869[a]	銑鉄
日本高周波重工業	城津	1937	178,396	6,680 (1,072)	各種特殊鋼
三菱製鋼	降仙	1943		3,850	合金鉄、鋼塊・鋳鋼、圧延材
朝鮮製鉄	大安	1943	57,110	1,312 (225)	銑鉄、鋼塊
三菱鉱業	清津	1939	66,872	1,402 (320)	粒鉄
鐘淵工業	平壌	1944	87,473[b]	2,100[b] (180)[b]	銑鉄、耐火煉瓦
日本原鉄	清津	1943	20,500	1,258 (168)	原鉄
朝鮮住友製鋼	海州	1944	6,558	605 (50)	鋼塊、鋼製品
日本鋼管	元山	1944			銑鉄
朝鮮電気冶金	富寧	1942	22,000	750 (50)	フェロマンガン、フェロシリコン、カーバイド
利原鉄山	利原	1942	27,300	2,705 (165)	銑鉄、鋳鉄鋼
理研特殊製鉄	羅興	1944	17,360	728 (42)	原鉄

B．製錬・軽金属工業

企業名	工場所在地	操業開始年	事業投資額	従業員数	主要製品
日本鉱業	鎮南浦	1915	83,084	5,000	銅、亜鉛
日窒鉱業開発	興南	1933	34,825		ニッケル、モナザイト、鉛、銅
住友鉱業	文坪	1937	10,636	578 (88)	銅、鉛
日窒マグネシウム	興南	1935	16,444	453 (148)	マグネシウム、クリンカー
朝鮮軽金属	鎮南浦	1940	48,436	3,468 (354)	アルミナ、アルミニウム、マグネシウム
朝鮮神鋼金属	楽元	1941	25,400	1,058 (205)	マグネシウム
三菱マグネシウム工業	鎮南浦	1942	40,695	1,275 (198)	マグネシウム、電極
朝日軽金属	岐陽	1944	75,000	1,729 (199)	マグネシウム、苛性ソーダ
三井軽金属	楊市	1943	45,000	1,082	アルミニウム、マグネシウム、原鉄
朝鮮電工	鎮南浦	未操業	25,000[c]	1,299 (334)	アルミナ、アルミニウム、電極
朝鮮住友軽金属	文坪	〃	121,021	1,140 (340)	アルミニウム

C．機械・兵器・造船工業

企業名	工場所在地	操業開始年	事業投資額	従業員数	主要製品
日本窒素	興南	1928		2,490	罐、鋳物、機械
鉄道局	平壌	1911		793	機関車、客車、貨車(修繕)
〃	清津	1930		978	〃
〃	元山	1942		360	〃
北鮮製鋼所	文川	1940	6,800	1,259	鋳鋼品、一般機械
朝鮮商工	鎮南浦	1910	2,000[c)]	769	鉱山用機械
平壌兵器製造所	平壌	1918		6,000 (1,000)	爆弾、弾丸
三井鉱山	平壌	1941	47,295	2,496	飛行機(組立て)
鐘淵西鮮重工業	海州	1938	8,000	664 (47)	焼玉機関、木造船
朝鮮造船工業	元山	1943	13,000	830 (290)	〃

D．化学工業—日本窒素および同系列の企業

企業名	工場所在地	操業開始年	事業投資額	従業員数	主要製品
日本窒素	興南	1930	280,691	9,164 (3,111)	アンモニア、硫酸、硫安、過燐酸石灰、硬化油
〃	本宮	1936	116,927	6,805 (1,946)	アンモニア、塩酸、苛性ソーダ、カーバイド、石灰窒素
日窒燃料工業	龍興	1942	154,932	1,399 (567)	アセトアルデヒド、イソオクタン
〃	青水	1943	67,558	2,059 (506)	カーバイド
朝鮮窒素火薬	興南	1936	25,000	2,666 (923)	ダイナマイト、導火線、雷管、爆薬
朝鮮人造石油	永安	1932	23,086	1,974 (577)	石炭酸樹脂、合板
〃	阿吾地	1936	170,249	3,000 (1,780)	半成コークス、タール、メタノール、液化油

E．化学工業—その他の企業

企業名	工場所在地	操業開始年	事業投資額	従業員数	主要製品
三菱化成	順川	1938	23,050	1,163	カーバイド、石灰、石灰窒素
〃	清津	1943	6,626	394 (45)	各種耐火煉瓦
朝鮮火薬	海州	1938	10,000[c)]	981 (89)	ダイナマイト、導火線、雷管
朝鮮浅野カーリット	鳳山	1938	1,642	250 (20〜30)	爆薬カーリット、導火線
朝鮮石油	元山	1936	40,000	1,638 (532)	ガソリン・灯油・軽油・パラフィン
日本炭素工業	城津	1942	10,500	495 (47)	電極

朝鮮東海電極	鎮南浦	1942	14,262	500 (60)	電極
王子製紙	新義州	1919	20,000	415 (60)	洋紙、パルプ
北鮮製紙化学工業	吉州	1936	37,000[d]	653	パルプ
鐘淵工業	新義州	1939	15,000	450 (66)	葦パルプ
〃	平壌	1939	35,000	1,130 (410)	硫酸、スフ
大日本紡績	清津	1939	38,358	1,997[e] (219)[e]	人絹
小野田セメント	平壌 川内里	1919 1928	19,000	4,780 (270)	セメント
朝鮮小野田セメント	古茂山	1936	9,101[f]	1,286[f] (99)[f]	〃
鴨緑江水力発電	水豊 勝湖里	1939 1940			〃 〃
朝鮮セメント	海州	1937	22,377	1,452 (109)	〃
朝鮮浅野セメント	鳳山	1937	16,237	1,045 (127)	〃
日本マグネサイト化学工業	城津	1936	13,500	1,576 (115)	マグネシア・クリンカー、軽焼マグネシア、マグネシア煉瓦

F．繊維・食料品工業

企業名	工場所在地	操業開始年	事業投資額	従業員数	主要製品
東洋製糸	沙里院	1929	1,480	340 (42)	生糸、綿糸・布、毛織物
〃	平壌	1926	3,540		生糸
鐘淵工業	鉄原	1933	2,908		生糸
〃	朱乙	1938	2,000	335	亜麻製品
帝国繊維	豊山ほか	1935-	4,900	2,500[g]	亜麻繊維
東棉繊維工業 〃	新義州 鎮南浦	1943 1945[h]	29,510[e]	668 (68) 113 (2)	大麻布 大麻布、絹・人絹
日本穀産工業	平壌	1931	20,000	1,142 (102)	澱粉、葡萄糖
大日本塩業	清川江河口		93,500	1,358 (23)	塩、生苦汁
鐘淵海水利用工業	龍岡	1945	15,000	205 (19)	塩

注）事業投資額の単位は千円。従業員数欄のかっこ内は日本人（内数）。a）1941年度末現在。b）南の仁川工場分を含む可能性がある。c）払込資本金。d）王子製紙による投資額（南の群山工場分を含む）。e）京城工場分を含む。f）南の三陟工場分を含む。g）南の3工場分を含む。h）買収年。

出所）『北朝鮮の軍事工業化』本文および資料1の文献。

石灰石、タングステンが豊富に存在する平壌などから成る「西鮮工業地帯」があった。これらはいずれも、その北部にある「満州」経営に伴う市場開発を背景に、そこへの供給基地として大きな役割を果たしたことも忘れられない。

さらに日米開戦に伴い、特に希少鉱物の輸入が滞るようになると、日本企業による北朝鮮鉱業開発がいっそう進んだことが知られている。戦火の激しいなかにあっても、アルミニウムやマグネシウムの増産体制のための整備が着実に続けられた。

北朝鮮において産出した希少鉱物の例をもう一つ挙げるならば、「モナザイト」がある。これは燐、セリウム、トリウムの化合物であり、そのほかにウランなど各種元素の化合物を含む。このモナザイトに着目していたのが、一九四一年から陸軍の委託により原爆研究を開始した理化学研究所である。北朝鮮、とりわけ平南・平原郡順安面《ピョンウォングンスンアンミョン》と黄海《ファンヘ》・延白郡《ヨンベクグン》で産出されるセナザイトは、ウラン233の原料となるトリウムを豊富に含んでいたという。

原爆製造にとってより重要なウラン235の抽出も、陸軍の手によりその原料となるフェルグソン石が採掘されることによって進められる予定であった。激烈な戦火のためにこの計画は打ち切りとなったが、この史実一つだけとっても、北朝鮮が希少鉱物という側面から見て、いかに当時の日本人の心をくすぐるものであったかが分かるであろう。

こうして戦前の日本は、北朝鮮を希少鉱物をめぐる一大生産拠点へと開発し、その余波として巨大な工業地帯を全土にわたって展開した。しかし終戦に伴い、当然、状況は一変する。

朝鮮戦争による戦禍を免れた施設については、国交正常化がなされない現在どうなっているのか、現地の事情は判然としないままである。植民地経営の一翼を担った企業の当事者の次のような嘆息から、当時の栄華を偲ぶのみだ（『日本鉱業株式会社五十年史』。日本鉱業は現在の日鉱金属）。

「従来から海外資源の開発を伝統とし、最も積極的にこの方面に力を注いできた当社として、その成果の全部を喪失したことは終戦による最大の影響であった。」

私はここで何も、日朝平壌宣言で問題の基本原則について日朝双方が一致した、請求権の問題について蒸し返そうというのではない。いわんや、かつての植民地経営のすべてを正当化し、その再興を企図するものでは全くない。むしろ問題なのは、こういった経済的な色彩をも含む地政学的な発想が、なぜ居並ぶ外務省の上司たちの頭に全く感じられないのかということなのだ。「過去の贖罪」を土下座外交と揶揄され、覇権国のルールに則って「大量破壊兵器」をめぐるエンドレス（終わりなき）なゲームにはまり込むだけが日本外交なのか。

そうではなく、日本が自ら外交を展開する以上、そこにはおのずから、相手国との関係を深めることによって得られる利益についての明確な計算が必要なのだ。そしてその計算は、過去や現在だけではなく、将来にわたって、あらゆる分野を統合した形で行なわれなければならない。

だが、「過去の贖罪」を繰り返す外務省の上司には、どうやらそんな計算をする力はなさそう

戦前・戦後の継承関係からみた北朝鮮の工場

部門	起　源	1990年代の名称	備　考
製鉄・製錬・機械	日本製鉄清津製鉄所	金策製鉄連合企業所	北朝鮮最大の製鉄所。1989年の製銑能力240万トン、製鋼能力40万トン
	同・兼二浦製鉄所	黄海製鉄連合企業所	1989年の製銑・製鋼能力各113万トン
	三菱鉱業清津製錬所	清津製鋼所	1989年の製鋼能力100万トン
	三菱製鋼平壌製鋼所	千里馬製鋼連合企業所	1980年代以前の名称は降仙製鋼連合企業所。1988年の製鋼能力76万トン
	日本高周波重工業城津工場	城津製鋼連合企業所	北朝鮮屈指の特殊鋼工場。1989年の特殊鋼・合金鉄生産能力40万トン
	朝鮮製鉄平壌製鉄所	大安重機械連合企業所	所在地は南浦市に編入。発電機・重機械製造
	朝鮮電気冶金富寧工場	富寧合金鉄連合企業所	フェロシリコン・フェロクロム製造
	三井軽金属楊市工場	北中機械連合企業所	北朝鮮最大のディーゼルエンジン工場
	日本鉱業鎮南浦製錬所	南浦製錬綜合企業所	北朝鮮最大の非鉄金属製錬所。1992年の銅生産3万トン
	住友鉱業朝鮮鉱業所元山製錬所	文坪製錬所	北朝鮮東部地域最大の製錬所
	日本窒素興南工作工場	龍城機械連合総局	北朝鮮最大の工作機械工場
	鉄道局平壌工場	金鐘泰電気機関車総合工場	北朝鮮最大の機関車製作工場
	同・清津工場	清津鉄道工場	貨車・客車の製造・修理
	同・元山工場	6月4日車両綜合工場	〃
	北鮮製鋼所文川工場	文川鋼鉄工場・ベアリング工場	北朝鮮の重要ベアリング工場
	朝鮮神鋼金属新義州工場	楽元機械連合企業所	各種機械製作
	平壌兵器製造所	2・8機械工場	1970年代に慈江道前川郡に移転
	朝鮮造船工業元山造船所	元山造船所	1974年に3,750トン級のトロール船を建造
	朝鮮商工鎮南浦工場造船部	南浦造船所連合企業所	北朝鮮最大の造船所

＊本書69頁において注記したように、この表も『北朝鮮の軍事工業化』からの引用である。改めて謝意を表しておきたい。

化学	日本窒素興南肥料工場	興南肥料連合企業所	北朝鮮最大の化学肥料工場。1986年の硫安生産能力40万トン
	同・本宮工場	2・8ビナロン工場	1983年のカーバイド生産能力75万トン
	日窒燃料工業青水工場	青水化学工場	1981年のカーバイド生産能力20万トン
	三菱化成順川工場	順川石灰窒素肥料工場・順川ビナロン連合企業所	同15万トン
	朝鮮人造石油阿吾地工場	7月7日連合企業所	1983年のアンモニア生産能力6.5万トン
	王子製紙新義州工場	新義州パルプ工場	1984年のパルプ生産能力2.5万トン
	北鮮製紙化学工業吉州工場	吉州パルプ綜合工場	同1万トン
	鐘淵工業新義州葦人絹パルプ工場	新義州化学繊維連合企業所	葦パルプ製造。1981年の苛性ソーダ生産能力4万-5万トン
	大日本紡績清津化学工場	清津化学繊維工場	1983年の人絹・スフ生産能力2.5万トン
	小野田セメント平壌工場	勝湖里セメント工場	1988年のセメント生産能力95万トン
	同・川内工場	川内里セメント工場	同80万トン
	朝鮮小野田セメント古茂山工場	古茂山セメント工場	同42万トン
	朝鮮セメント海州工場	海州セメント工場	同100万トン
	朝鮮浅野セメント鳳山工場	2・8セメント連合企業所	同160万トン
繊維・食料品加工	片倉工業咸興製糸工場	咸興製糸工場	朝鮮緋緞連合企業所所属
	朝鮮富士瓦斯紡績新義州工場	新義州紡織工場	1981年の織物(ビナロン)生産能力5000万m
	東洋製糸沙里院工場	沙里院紡織工場	同7000万m
	同・平壌工場	平壌製糸工場	朝鮮緋緞連合企業所所属。敷地面積10万m^2
	日本穀産工業平壌工場	平壌穀産工場	1979年の澱粉生産能力7.5万トン

注）以上は網羅的なリストではない。一部の工場の起源は所在地から推定した。備考欄は、主として1980年代の特記事項である。生産能力は北朝鮮側のデータによる。生産実績はこれをかなり下回るとみるのが妥当である。

出所）本文、世界政経調査会編『北朝鮮工場要覧1967年版』同会、1967年、イ・サンジク、チェ・シルリム、イ・ソッキ『北韓の企業』産業研究院、ソウル、1996年。

だ。そこには、「伝統」的に「戦略なき外交」と非難されても、もはや思考の壁をぶち破ることのできない戦後日本の外交官の典型な姿が見て取れるのではなかろうか。

「外交戦略」とは何か

日本外交が「戦略」なき外交と揶揄されて実に久しい。それでも日本外交の中に「戦略」めいたものをあえて探してみようとすると、どうなるか。

世間に対して説明することの少ない外務省が唯一、定期的に対外説明のために刊行してきているのが『外交青書』だ。この本は毎年、総合外交政策局政策企画室が、省内の各部局の原稿と資料をとりまとめ、大臣までの了解を得た後、与党に根回しをして了承してもらってから、ようやく閣議にかかり、公表されるものである。それだけに日本外交の今を知る資料ではある。その二〇〇四年度版をひもとくと、次のような記述がある。

「二〇〇三年の日本外交は、イラク情勢や北朝鮮情勢への対応をはじめとする日本及び国際社会の平和と安全に対する脅威への対応が大きな課題となる中で、安全保障分野における取組が最重要の課題となった。……（中略）……また、国際社会全体の公益を確保していくとの観点から、主要な外交課題に際して、国際社会の責任ある一員としての立場を踏まえて日本が国際協調の維持・強化に努めたことも特筆される。」（「二〇〇三年の日本外交の展開」「総論」）

もちろん、外交の舞台裏をいわゆる「平場《ひらば》」で公然と語ることが、物事の性質上できないことは理解し得る。しかし、ここに書いてあることだけを取り上げても、穿った見方をすれば、要するに「イラク、北朝鮮で大変なことが起きました。しかし、みんなで仲よくしようと頑張りました」と、受け身かつ現状維持の思考がにじみ出てはいないだろうか。

このように、分厚い『外交青書』をひっくり返しても、どこにも日本のあるべき「外交戦略」の中身が書いてある箇所はない。「戦略」の語に唯一言及があるのが、「第六章　外交を支える基盤」に記述がある、「外務省改革」においてである。

二〇〇一年一月一日に松尾元要人訪問支援室長の公金横領事件がスクープされたことに始まる、いわゆる外務省不祥事に対処するべく、外務省は約三年間にわたる「外務省改革」に乗り出した。不祥事があった場合、それをリスクマネジメントにかっこうの材料ととらえ、その反省にもとづいて業務改善につなげていくという発想それ自体は肯ける。

しかし、問題はここからだ。「改革」は本来、多額の公金をめぐる詐欺事件に始まったことから、最初は「カネ」についてだけに関心が集まっていた。だが、やがて「そもそも外務省はちゃんとした外交を展開し得ているのか」という批判へと議論が推移していったのだ。その結果、外務省における「外交戦略」の不在が最大の争点の一つとされた。

そうした議論の結果、「外交戦略」に関連するものとして何が生じたのかといえば、「総合外交政策局」の人員強化と、決裁過程の複雑化だけだった。すなわち、総合外交政策局に各分野・地域の外交を担当する中堅（室長・企画官レベル）を複数名新たに配置し、各局の所管事項に目を光らせるというのだ。

もっとも、このような組織改編を決定づけた「外務省機構改革・最終報告」（平成十五年三月二十七日発表）は勇ましく次のように述べる。

「外交戦略策定機能の強化

日本として、自らの平和と繁栄の確保のために安全保障上の取組を強化していくとともに、地球規模の問題を含む新たな課題に対処していくための国際的枠組みの構築に向けて、総合的な視点に立ち、外交戦略策定機能を強化する。……（中略）……日本が自らの意思と国益に立脚した、能動的かつ戦略的な外交を展開していくために、政策上の選択肢の提示と外交の優先順位の明確化を図る。……（中略）……

総合外交政策局

「筆頭局」として位置づけ、その機能を強化していく。また、国際社会協力部を総合外交政策局から大臣官房に移した上、総合外交政策局の機能特化（スリム化）と総合調整機能の強化を図る。……（以下略）」

素人目には恐らく、なぜ他の局より「偉い」とされる「筆頭局」なる局が必要なのか、分からないかもしれない。役所というところは、トコロテンの器械のようにある案件を押し出すかのごとく仕事が進められていくところだと思われがちだ。そうであれば「筆頭局」などというところがあえて創られ、省内の調整に入る必要もない。

しかし、現実には違う。大臣、そして事務方のトップである事務次官の下にぶら下がる「局長」は、いわば戦国武将だ。彼らが互いに譲りあうことは絶対になく、あくまでも自己主張しようとする。各々の局長に係わる人事は、閣議決定により内閣の承認を得た後に決められている（「事務次官、局長その他の幹部職員の任免に際し内閣の承認を得ることについて」平成十二年十二月十九日閣議決定）。

その結果、「不偏不党」を謳うべき役人とはいえ、局長になると与党の有力議員を「パトロン」とする必要がある。そうした強面の応援団（多くの場合、派閥の領袖たち）が与党にいてくれるからこそ彼らの人事が決まる以上、相互に異なる別の議員を自らの「応援団」としている局長たちの方向性が、おのずから違うものとなってくるのは当然の成り行きだろう。

大臣、あるいは事務次官の面前での「御前会議」といういわゆる「平場」だけではなく、ある政策決定について省内の了解を得るための文書（「決裁書」）の中に自分がサインを求められているかいないかといった細かな点、さらには番記者相手にあえて敵対的な局長に関する噂話を流す

外務省の組織と機構

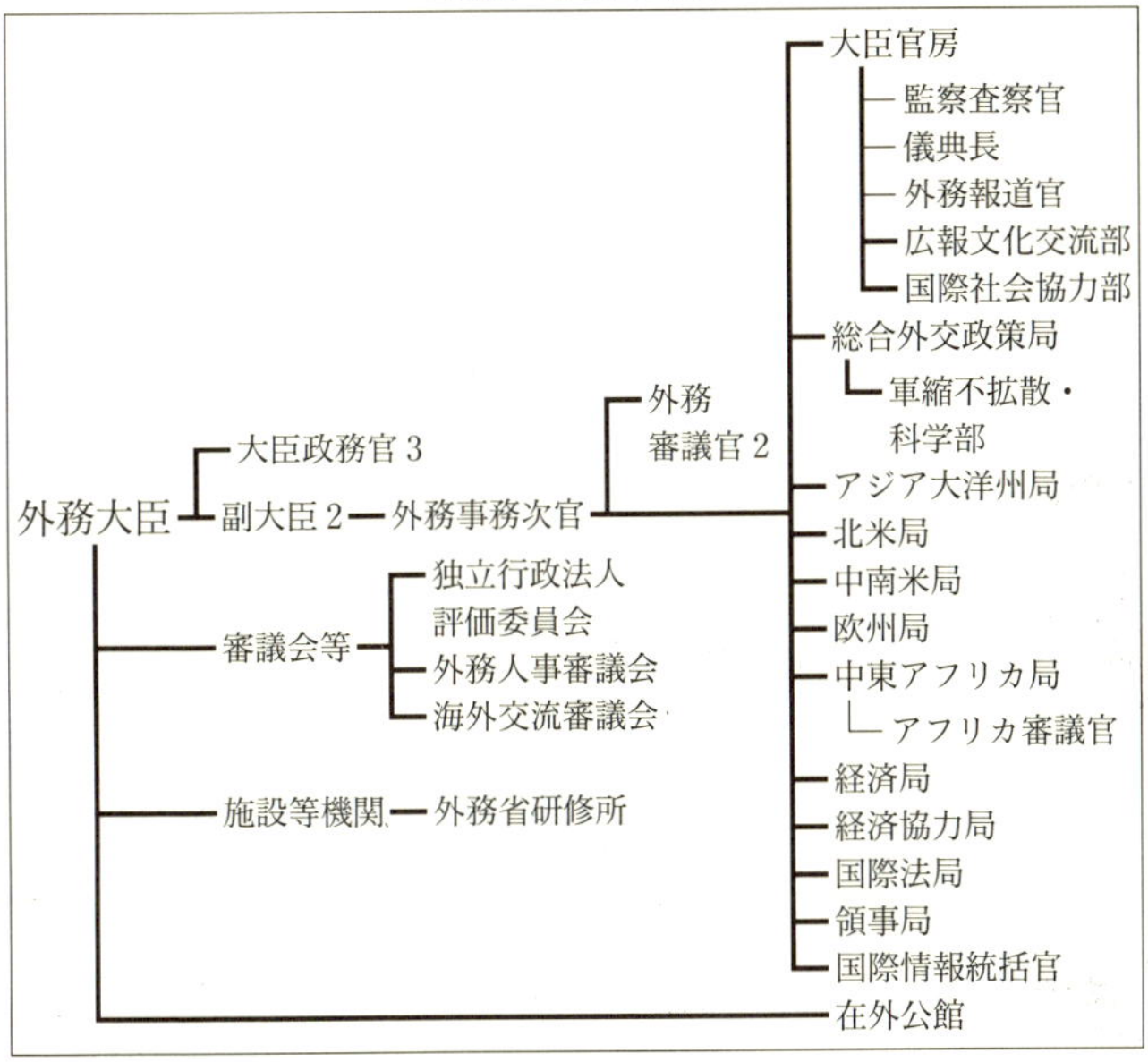

外務省ホームページ（日本語）　外務省案内　・組織と機構より。

といった行為にいたるまで、局長そしてその忠誠な部下たちは、省内抗争を日々激しく繰り広げている。

この時、例えば私の所属していたアジア大洋州局のように、世間的にも耳目を集める分野を担当している各部局がそれぞれ大臣に話を上げるのでは、「日本外交」全体としては相互にまとまりがつかないこともままある。だから、誰か「とりまとめ」を「総合調整」という名の下に行なえというわけである。

ところが、実際には国家行政組織法が元来想定している「大臣―次官―局」という分権的組織システムは、同時に温存されているのだからややこしい。つまり、国家行政組織法上は局の下に局は置けないため、総合外交政策局は冠こそ「筆頭局」でも、あくまでも他の局と法令原則上は「同等」なのだ。

それでもなお、外交戦略の御旗の下に総合外交政策局が意思決定過程に入り込んでくる。したがって、相互に対等な「戦国武将」型のシステム＝分権的組織システムの悪弊が、ますます加速化するわけだ。分権的組織システムの対極にあるのが集権的組織システムだ。集権的組織システムは、たとえていえば江戸幕府型のシステムであり、上意下達の階層秩序がしっかりと分かる仕組みである。

ところが、今回の組織改編で、外務省ではただでさえ相互に対等な局同士の「神々の争い」に、法令上では同じく対等だが、「筆頭局」のプライドを持つ総合外交政策局が参戦する。この結果、現場では局同士の調整が今まで以上に必要になっており、そのため混乱を招き、時間がかかりすぎるようになってしまっている。

こうした分権的組織の悪弊は、ビジネススクールではすでに常識と化している（伊丹敬之他著『ビジネススクール流「知的武装講座」』プレジデント社）。したがって、この点についていえば、「外務省改革」はもはや一周、いや二周以上も民の意識からはずれているといわざるを得ない。

だが、ここで読者の方々には是非、考えてみていただきたい。言い古された「箱モノ」の議論に走る前に、本当はその中身にあたる人間そのものの意識の中にこそ問題があるのではなかろうか、と。

外務省改革の一端を担った者として、私も当時の外務省の危機的な状況を忘れてはいない。一連の不祥事を踏まえ、狡猾な政官の諸勢力から、「そんな危なげな外務省に、ODAという貴重な貯金箱を預けておくわけにはいかない」との声があがっていたからだ。外務省ではなく、ODA、すなわち政府としては外交の〝虎の子〟である政府開発援助の主導的な立場を、別途創出すべき「国際協力庁」とでもいうべき組織に移せというのだ。

ODAは、武力を持たない丸腰の日本外交が唯一持っている「伝家の宝刀」だ。いかに暴れん坊の国であっても、ODAを供与しない、あるいは減額するといった議論を始めると途端に、日本に対して（少なくともその場では）従順となる。また、日本企業が落札する形（紐付き、タイド）でODAを行なえば、当該国に供与はしても結果として日本経済が潤うことになるので、その意味は国内政治の上では馬鹿にならない。

そんなODAを外務省から切り離すというのだ。これにはさすがにおっとりしている外務省も驚愕し、「それなら機能強化のために自ら鍛錬します」とばかりに、自衛のための組織改編の議論に走っていったというのが実態であった。

だが、事の発端はともあれ、いずれにせよ「外交戦略」の不在を嘆くならば、もっと奥深く、国家とは何か、そしてその国家はなぜ「外交」を展開する必要があるかを考え、その際に求められる発想とは何かを、まず突き詰めて考えるべきだったのではなかろうか。

そして、その「発想」が判明すれば、これに欠けている、あるいは訓練してもそれに馴染めない人間は、外交の現場から退場してもらえばよい。そうした上で、この「発想」を十二分に外交において現実へと転換できる能力のある人が働きやすいような「組織」へと、職場を変えていけばいいのだ。そうすることなく、卵＝「発想の転換」ではなく、トリ＝「組織の変更」を進めているのが今の外務省である。そのような本末転倒な態度で、ただでさえない「外交戦略」が生み出されるはずがない。

そんな外務省の轍を二度と踏むことなく、ここではまず、そもそも外交とは何ぞやを考えるにあたっての大前提である「国家」とは何かを考えてみたいと思う。そしてそこから徐々に、現実へと歩み寄っていきつつ、本当の「外交戦略」へと導かれる発想法をつかんでいきたい。

まず、「国家」すなわち英語でいえばstateとは、元来、ラテン語ではstatus（＝「立っていること」）を語源としている。つまり、この言葉には、すでに「そこにあるもの」という意味で、躍動的なダイナミズムとは対極にある状況＝静態が含まれている。こうした形で国家は世の中の「現状」を前提としているという理解を述べたのが、ドイツ社会学の祖であるマックス・ヴェーバー（Max Weber）だ。彼は「国家とは一定の領域内の一定の住民に対して、暴力の独占を通じて正統性を主張する組織である」と定義した。

しかしグローバリゼーションが進み、国境を超えた主体による活動が当然となったいま、意味するところが国内に止まっているかのような穏やかな定義が「国家」について維持できるとは、もはやとうてい思えない。現代の「常識」である市場経済とは、マーケットにおけるシェアの拡大を無限に競い合うシステムである。最大の市場である国際市場で自国民がいかにして有利に展開できるかを確保するといった役割も、市場経済を前提とした国家には当然、期待されるはずだ。

他方で国際社会と国家の関係というと、真っ先に「戦争と平和」を口にする者もいる。だが、「戦争」という形で国家間の武力行使の可能性は依然否定できないにせよ、「戦争」の前提には常に「富の配分」をめぐる争いがあることは歴史が実証してきている。つまり、そこにはいつも「国としての富を増やすべし」という行動原理がまずは働いてきたのだ。

その一方で、大量破壊兵器が出回っている現代の国際社会で、本気で「戦争」をすることが最終的には人類全体の破滅につながることもよく知られている。そうである以上、そうした相互の殲滅に走る以前の元来の目的、つまり「国としての富の増進」のためにより素直な行動をとろうとするのが現代国家の現状なのではないだろうか。

このように、現代国家に求められるのは、まず第一に「国としての富＝国富」を増やすことである。そうやって集積した有形無形の「国富」をいかにして国内で再分配するのかを考えるのが国内政治なのだ。その一方で、国境の向こう側で四方に広がる国際社会全体との関係で、国富を増やすべく国家が講じる手段が、「外交」にほかならない。したがって、現代国家にとって、「外交」とは何よりもまず「国富の増進」を基本原理としなければならない。

それでは、そうした意味での「外交」に求められる発想法、あるいは論理とは何か。私は、非常に単純な整理をした場合、それは次の六段階の発想法だと考えている。

（一）地理的・時間的に研ぎ澄まされた現状認識を持つ
（二）狙った相手国へ自国に有利な投資条件の整備を飲み込ませる
（三）あらかじめ安値の間に先行投資を行なう
（四）軍事力を背景とした工作を展開する
（五）狭義の「外交」によって表面を取り繕う
（六）そこで実際には絶好のタイミングであらかじめ仕込んでおいた先行投資を回収する

以上の六つのポイントについて、モデルを描きながら説明してみることにしたい。

ここに国家としての日本から見て、明らかに自分より豊富な「国富」を持っている対象国Aがあると仮定しよう。ここでいう「国富」はA国国民が持つ「豊富な個人資産の総額」かもしれないし、A国の山岳地帯に未開発のまま残っている「希少鉱物」かもしれない。いずれにせよ、まず必要なのが、日本とA国との地理的関係、そして時間的な関係を冷静に見渡すことだ。いくら技術革新が進んだからといって、人間の行動を制約するのは地理的限界と時間上の限界だ。

A国の国富が果たして手の届くところにあるのかは、結局は地理的にほどよい近さにA国があり、A国とほどよい共通の体験があることによって判断される。しかし後者の方は、主体である日本の側から見ると案外分からないことも多い。たとえ地理的には異質であっても、世界の彼方で日本を見つめ、その意味で時間を共有してくれている国もあるからだ。

また時間的な関係は、過去のみならず将来にも及ぶ。今は駄目だからといって諦める必要はない。他の諸条件が整っている限り、時間は将来へと軸を伸ばしていくことによって、もはや行動制約条件ではなくなる可能性もあるからだ。

こうした第一の思考を経て、A国の国富に日本から手が届くと判断できた場合、次に必要なのが、A国に対し日本にとって有利な投資条件を飲み込ませることだ。なぜなら現代では、A国にある国富を「戦争」という手段をもって力ずくで持ってくることができない以上、そこには国富を「移転」させるための合法的な梃子が必要だからだ。

ここでいう「投資条件」としてまず思い付くのが、法律制度である。思えば日本も「文明開化」の頃、数々の「不平等条約」の締結を強いられ、列強との関係で圧倒的に不利な交易条件を認めさせられた。その際、不平等たる最大の理由が、「日本には法律すらないこと」であったことは、どの歴史の教科書にも書いてある史実だ。あるいは「言語」もここでいう投資条件にあたる。契約書のフォーマットを日本語でしか受け付けないとした時、どれほどの混乱がA国の側で生じることだろうか。

契約書という商慣行上の話が出たところで、同様に投資条件として忘れてはならないのが、会計制度、会計基準だ。勘定を国際的に合わせることでスムーズな取引を可能とすることには十分に意味がある。しかし、例えば系列企業同士の決算を連結しなければ、真っ当な会計だとはみなさないとA国に主張したらどうか。それまで単独決算ではA国の有名企業はいずれも黒字であったのが、一気に赤字へと転落し、A国経済は勢いを殺がれることだろう。

このように、自国に有利な投資条件を飲み込ませることは、日本からみれば、A国という経済そのものが持つ市場価値が目減りすることを意味する。なぜなら、日本からもたらされた「基準」に適応せねば明日はないと考えたA国経済関係者は塗炭の苦しみを味わうのみならず、それに適応できない労働者は解雇すらされるからだ（リストラ）。

その結果、A国ではそれまでの平穏な状況から一転して社会不安が蔓延し、それはやがて政情不安へと転化する。交易をするにしても、A国経済そのものが持つリスク（カントリー・リスク）が高くなるため、たとえA国屈指の大企業であってもその株価は暴落していく。

ところが日本にしてみれば、A国経済の窮状はまさしく「割安」な状況なのだ。第一段階で冷静な現状分析を経た上で、その将来性まで判断したのであれば、あとはA国経済が日本から移転した制度にもとづき自律回復してくるのを待てばよい。その前に、暴落した優良企業の株式を買い占めておけば、やがてそれは大輪の花を咲かせることになる。

もちろん、ここでは投資銀行といった民間主体が大きな役割を果たす。その意味で、国富を増やす外交を展開するにあたっては、政・官・財が一体となって連携して対処していく必要がある。

また、そもそも証券といった有価証券にまでA国の国富が高度なものに集積されていなければ、ターゲットはモノそのものであってもよい。この場合には、そのモノを専門に取り扱う企業と日本国政府の連携がモノを言う。

これだけでもA国経済は、半ば人為的に十分に「割安」な状況へと持ち込まれることになるが、国際場裏ではさらにすごい手段がある。それは、たとえ日本の現行憲法上は表向き許されないにせよ、現実の出来事であるためにここで言及せざるを得ないことでもある。

つまり、自国あるいは利益を等しくする「同盟国」が持つ軍事力をもって、A国のカントリーリスクをさらに高めてしまうというやり方である。この時、極端なことを言えば、A国そのものが政情不安になり、周辺地域との関係で民族紛争まで起きてしまうので、こちらからは「平和の使者」として当該国境地域に軍を派遣することもあり得よう。

あるいは、A国自身は堅牢な政治体制を維持し続けるかもしれない。そんな時でも、隣国あるいは地域的に密接不可分な場所で、のっぴきならない安全保障上の問題を「発見」すればよいのだ。仮に本当に軍隊を派遣せずとも、軍事力を背景とした有形・無形の威嚇を当該場所へ与えるだけで、A国のカントリーリスクは巻き添えを食って高くなる。このことは、例えば日本の株式市場が北朝鮮のミサイル発射といった行為の巻き添えをくって暴落する事実にも示されている。

こうして徹底的にA国経済が「低迷」したところで、今度は狭義の「外交」によって、日本はA国の「救世主」となるべく活動を開始する。その際、A国が政情不安に陥って、新体制ができ上がる過程で「選挙監視団」を出すのも手堅いやり方だろう。あるいは、新体制が法制度整備をするに際し、顧問、あるいは知的支援ミッションとして活躍してもよい。

もっとひどい場合、A国は内戦状態に陥ってしまうかもしれないが、そうであれば「和平会議」を主催するという手段もある。かつて、一八七八年にバルカン問題をめぐって「公正な仲介人」を自称したドイツの鉄血宰相・ビスマルクを思い出したい。あの時、ドイツは決して「公正」ではなく、自国に有利なように「仲介」を行なったのだ。あるいは一九〇五年に日露をポーツマスで「和解」させた米国の役割も忘れられない。米国は当時、日本の極東地域での躍進に怖れを抱いており、事実上、日本を封じ込めるために腐心したことが知られている。

ちなみに、ここで「狭義の外交」というのには訳がある。なぜなら、後に繰り返して述べるとおり、いわゆる「外交手段」とは切り離された形で、ここでいう「戦略」＝発想法としての外交が存在するからだ。そして、ここでの狭義の外交には常に「大義」が必要だ。その結果、正義や公正、平和、平等といった絶対に論駁できない「普遍的価値」の実現が標榜されることとなる。しかし、だからといってこの「大義」そのものの陰に、ここまで積み上げてきた一連の発想と展開があることを見失ってはならない。

やがて、日本の手による「狭義の外交」によって、A国は未曾有の危機的状況から脱却する。その経済も、跳躍するかのような奇跡的な復活を遂げていく。

この段階で、日本以外にようやくA国経済の将来性に気付いた各国の投資家たちも、安心してA国企業の株式を買いに集まるだろう。あるいは、A国の政情が安定したことで、モノの採掘や生産も再開されるに違いない。

しかし、A国はすでにあらゆる面で、それまでに「先物買い」した日本というミニ覇権国の傘下にあるのだ。もちろん、かつてのような軍事力による直接的な占領行為はそこにはない。だが、あらかじめ仕込んでおいた投資のタネ（安値における大量の株式投資など）は、「平和」と「発展」の鐘の下、次々に芽吹いていき、やがてA国の国富は何事もなかったかのように日本へと移転していくのである。

以上、現代国家が持つ最大の役割は「国富の増進」であると考え、そこから導かれるべき発想法について順を追って述べてきた。このように、順を追って国家の目的である「国富の増進」をはかる政治と経済、時には軍事に至るまで合体させた発想法を、私はここで「戦略」と呼びたい。そしてここまでお読みいただければ、なぜ日本に「戦略なき外交」が跋扈《ばっこ》しているのかも、自然と理解できるのではなかろうか。冒頭の上司の言葉ではないが、現代日本外交には決定的にこの意味での「戦略」が、発想の問題として欠落してしまっているのだ。

したがって、外務省が仮に日本に「外交戦略」を打ち立てたいと考えるのであれば、まずは日本人外交官の一人一人が、この基本的な発想法に習熟しなければならない。その上で、狭義の外交でいう「手段」をどのタイミングでどう使っていくのかという「外交戦術」の議論が初めて可能となるのである。決して、「手段」の順列組み合わせ、あるいはその変更が、そのまま「国家・外交戦略」をもたらすのではない。

このように「国富の増進」という至上目標を中心とした「政経合体戦略」を述べると、「人はパンのみに生きるにあらず」とお叱りの声が聞こえてきそうだ。「守銭奴」となって武力行使といった悪事にまで手を出すようになるのであれば、それこそ飢えて死んだ方がましだとでも言いそうな勢いの、戦後日本に伝統的な理想論を述べる方もいるかもしれない。あるいは、「そもそも日本の戦後外交は、政治は『日米同盟』を盾に米国に下駄を預け、もっぱら経済に特化することでうまくやってきたのであって、こうした既定路線を打ち破ろうとするのは認められない」といった反論もあるかもしれない。こうした終戦まもなくの「吉田外交」の、悪しき継承物である「政経分離路線」を信条とする声もまだまだ大きい。

だが、この理想論はあくまでも「理

1951年、サンフランシスコ平和条約に調印する吉田茂総理（写真提供：毎日新聞社）

想論」だ。こうした「理想論」を述べる者がしばしば引用するのが「平和主義」を唱える日本国憲法だが、その日本国憲法ですら、前文で次のように謳っている。

「われらは、全世界の国民が、ひとしく恐怖と欠乏から免かれ、平和のうちに生存する権利を有することを確認する。」

私がここで述べている「政経合体戦略」とは、大量破壊兵器が実際に世の中に出回っている現代において、かつてのような「総力戦」はあり得ないという前提に立っている。なぜなら、大量破壊兵器が互いに「伝家の宝刀」をちらつかせ合うことで牽制するということ以上に、現実に使用されてしまえば、必ず敵味方相打ちとなり、この相打ちはただちに相互の滅亡を意味するからだ。

そうである以上、この憲法前文でいう「平和のうちに生存する権利」とは、互いに戦いあわないという誓約だけを意味するのでは物足りなくなる。なぜなら、所詮、現代社会では戦いあうことはナンセンスだからである。それよりも、さらに積極的な意味合いをこれに見出すとなるとどうなるか。すると、「欠乏から免かれ」るべく、豊かさを求めて国家というプレーヤーが相互に切磋琢磨するという情景がそこに見えては来ないだろうか。

だが奇しくもこの前文において、「恐怖と欠乏」がセットになっていることからも分かるとおり、豊かさの背景には手段としての政治の影が微妙にちらつくのだ。政治とは、権力にもとづく利益分配であり、その権力性の中には大量破壊兵器に至らないまでの武力行使や、狭義の外交の展開も入ってくる。

その結果、この前文でいう「ひとしく恐怖と欠乏から免かれ、平和のうちに生存する権利」とは、ここでいう「政経合体戦略」をもって、国家同士が競争しあう現実を投影したものだとも解釈できるのだ。「平和」というマジックワードに惑わされて、日本国憲法が持つこうしたダイナミックな意味合いを忘れてはならない。

こうして結論としては、日本国憲法においても「政経合体戦略」にもとづく外交を読み込むことができるのだ。いや、読み込めるどころではない。むしろそれが前提としている世界像そのものが、「政経合体戦略」を前提としているといっても過言ではないのである。

「政経合体戦略」は外務省に根づくか

私は現代国家の持つ「国富の増進」という大きな役割から導かれる一連の発想を、個別具体的な状況に正確に当てはめたものを「政経合体戦略」と呼んでいる。言い方を変えれば、外務省に「外交戦略」がないのは、吉田外交以来の伝統である「政経分離路線」をいまだに信じこみ、この意味での「政経合体戦略」が発想の問題として個々の職員、あるいはそれを取り巻く政治関係者から完全に欠落していることによるのだ。

それではなぜ、外務省、ひいては日本の対外政策関係者には「政経合体戦略」が欠如しているのだろうか。私が思うに、その根は非常に深いところにある。

「国富」に対する鋭い認識が、経済的なるものへの感覚による産物だということは言うまでもないだろう。もちろん、「政治にはカネがかかる」という使い古されたフレーズにも表わされているとおり、公的な権限の獲得と維持には必ず支持者への利益分配が伴うことは、日本でもかねてから意識はされている。

だが、問題は「利益」と「利己的」とが読み替えられ、「利益」そのものが卑しいものであり、ひいては「利益」を前提とする「経済」もそうだという発想がどうしても残ってしまっていることだ。これに対し、実態はともかく、「政治」をめぐってはあくまでも「利他性」が求められるのが常だ。

そうである以上、利他的な「政治」を志す者は、利己的な「経済」を知ること、しかも「利潤を上げる具体的な手段」の重要性を認識する必要はないとの暗黙の了解がはびこることになる。そして、それが半ば社会的合意にまで至ってきたのが近現代の日本社会なのではなかったのだろうか。そうした背景を踏まえ、教育の現場において、人々の大半は「経済」について学ぶことはないまま世間へと放り出されていっている。

ここでいう「経済」とは、繰り返しになるが、数式の並び替えやら制度論を学ぶことそのものではない。もっと単純に、「どうしたらお金を稼ぐことができるのか」という技術論と、それに伴うある種の「利益感覚」の総体だ。例えば、読者はこれまで受けてきた一連の教育の中で、株式投資に関する授業を受けたことはあっただろうか。資本主義国であり、少なくとも形式上は直接金融の最たるものとして「証券取引市場」が基本的な制度として存在しつつも、なぜ、その活用方法を子供たちは習わないのだろうか。

また、経営学についても同じだ。有名どころの日本企業では、依然として法学部なり経済学部なりの四年制大学卒業生を新卒採用し続けている。しかし、いざ現場の企業経営自体を見ると、経験則を学問にまで高めたBusiness Administrationとしての学である米国流経営学が有効とされている。そのため、入社後、企業側が高いカネを払って新卒社員たちを留学すらさせてきたのも現代日本における実態だ。

これでこの問題の根深さが明らかになっただろう。つまりは、日本の教育制度は全体として、この章でいう「政経合体戦略」を生み出す力を若者たちに植え付けるようにはなっていないのだ。それどころか、国富への鋭敏な感覚をもたらす「経済」に関する経験は、そこでは意図的とも言えるほどすっかり消されてしまっている。そんな日本の教育制度の中では、いくら成績が優秀な学生であったとしても、「政経合体戦略」という点では、一部の例外を除いて何も知らず、また何も思い付かず、「赤子」も同様といわざるを得ないのも肯けよう。

これに対し、海の向こうの米国ではどうかというと、まず教育の基礎的な段階において、「利潤」を獲得することそのものについて学ぶ機会が与えられるという（奥本英一朗［監修］『投資クラブ』ＮＨＫ出版）。高校生の標準的な教科書においては、五、六十頁ほどがそのための記述にあてられている（日本では多くても二、三頁）。

また、経済教育そのもののあり方については、ＮＰＯ法人である米国経済教育協議会（ＮＣＥＥ）がガイドラインを定めている。官民の横断的組織である個人金融教育連盟（JumpStart）も同様にガイドラインを定めており、これらの重層的な取り組みによって、一般人のレベルから「お金」に対するセンスが磨かれているといっても過言ではなかろう。

さらに高等教育の段階においては、体験的にいって、法学や医学といった専門性のある他の修士号と並んで、経営学修士号（ＭＢＡ）も取得している者が少なくない。政官財を問わず、才あり能力ある者であればあるほど、経営学修士号を持っている者の数が目につくようになる。これは米国の大学では、一般に二重学位（dual degree）と呼ばれるものである。多くの場合、平たくいえば「つぶしが利く」、すなわち何にでも共通のベースとなる経営戦略の学問である経営学修士課程は、他の多くの学問との同時履修が可能であるようだ。

一例を挙げると、日本では歌手・宇多田ヒカルが入学したことでも有名な名門コロンビア大学では、現段階で約百名の「二重学位専攻者」がいるのだという（http://www 0.gsb.columbia.edu/students/organizations/ddsa/home.htm）。この数は決して多くはないように思われるが、日本の東京大学であっても、現行の制度では、二重の専攻を同時に持つことは事実上不可能である。

工学部におけるMOTで経営戦略論を細々と受講するといった例外を除けば、経営学とそれ以外の学問を同時並行で学ぶことは不可能な仕組みとなっている。そのことに比べれば、海の向こう側では二重学位履修という制度が現にあり、一大学で百名もその難関に挑んでいるというのだから、この事実の重みが分かるだろう。

　ましてや、日本では今、大学改革の名の下で「法科大学院」や「経営大学院」といった形で科目ごとの大学院へのハードルと区分がますます高く細かくなっている。そのような中で、政治と経済の両面にわたる複眼的思考を可能とする高等教育を享受する可能性そのものが、ますます乏しくなっているといっても過言ではないのではないか。

　もちろん、実地研修を含めてもたかだか二年間余りの厳しい授業を一流校で受けたからといって、ただちに経営の現場で役に立つとは思えない。その意味で、経営学の知識を多少持っているからといっても、そのことだけが何か大きな意味を持つということではないだろう。だが、日本では他の中央官庁の例にもれず、外務省の特に国家公務員I種職員として採用される、いわゆるキャリア職員の大半が法学部出身であることも事実だ。しかも、それまでの受験教育の中で、経済教育をほとんど受けることのないままにそこまで来ている者がほぼすべてだ。

　誤解のないように申し上げておきたいが、私もアマチュア法学者の端くれであり、その意味で出自は「法学」である（とりわけ憲法）。法学の持つ有用性は十二分に理解しているつもりだ。法が存在する意義は何かと尋ねられれば、私は、一言でいって「法的安定性」の語に集約されるのだと答えるだろう。つまり、法という名前のルールがあるからこそ、世の中では「万人の万人に対する闘争」状態が生じず、平穏無事な毎日が過ごせるのだ。

しかし同時に、法学には短所もある。それは、とりわけ日本ではすでに制定された法律の解釈学が中心であるため、あらかじめ創造されたものを対象とする、非創造的な制度論に終始しがちだということである。これに対し、現実そのものからいかにして創造行為を導くのかという別の種類の学問がある（政治学）。あるいは現実の中に法則性を見出そうとする学問もある（経済学、経営学）。これらはいずれも制度論としての法学とは全く異なる。

ところが外務省に入り、外交官として日本を代表していこうとする若者たちは、これら両者をともに学ぶ機会を、大学時代までにほとんど得ることはない。むしろその大半が、先ほど述べたとおり、「創造されたもの」を対象とする学問＝制度論としての法学を学んだ者たちなのだ。しかも、彼らは高等教育までの段階で、「お金」そのものを学ぶ機会は全くないのが通例だ。むしろ「お金」には恐ろしいほど無頓着であり、ましてや外務省のデスクでは日頃触れることがあまりない実体経済に少しでも習熟するため、証券投資などを地道に続けている者は、職場を見渡してもほとんどいないのが現状であった。

そのことは、職場の何気ない日常においても明らかだった。私は普段、外務省に登庁するにあたって、ぎりぎりまで携帯電話で株価をチェックすることを習慣としていた。「守銭奴」と眉をひそめないでいただきたい。なぜなら、登庁時間である朝の九時半頃というのは、その日の相場を占うにあたって最も大きな意味を持つ時間帯の一つだからだ。特にその日の円ドルレートが決定される十時少し前までにかけての「神聖な一時間」で、東京の株式市場をめぐる一日の帰趨が決定してしまう日も少なくはない。ところが、そんな決定的な時間帯であっても、実体経済の生の動きを携帯電話という誰もが持っている道具をもって、眺めたりしている同僚たちはほとんどいなかった。

さらに言えば、昼休みも同じだ。株式投資に少しでも関与したことのある人なら午後の相場、すなわち「後場」の始まる十二時三十分から約三十分間で、再び大きく相場が動く日が多いことを御存知であろう。したがってこの時間帯も外せないのだが、多くの省員たちは昼休みは「休み」とばかりに、同僚たちとの「ダベリング」や「愚痴」で時間を浪費してしまっている。これでは経済実体に疎くなり、それにまつわるもろもろの政治と社会の出来事に外務省の多くの職員たちが縁遠くなるのも当たり前であろう。

そもそも「外交」のために「国富」を云々する前に、自らの資産管理すら関心がなく、したがってその能力と知識もない人間は「外交官」としては失格なのではなかろうか。もっとも、このような嘆かわしい状況は、先ほども述べたとおり、実は教育制度に始まるこの国のあり方そのものにも関わるのかもしれない。資本主義、市場経済を標榜しているにもかかわらず、お金がどうやって生まれてくるのかを知らない日本人たち。その国の外交官たちに、真っ当な金銭感覚がないのはある意味で当然のことなのだ。

したがって、こうした外務省の外交官たちに、発想として、私のいう「政経合体戦略」を期待すること自体に無理があるのだ。日本における現行の教育制度、そして採用制度が抜本的に変わらない限り、「政経合体戦略」の前提となる、政治と経済に対する複眼的な思考をあらかじめ感覚として備えた若者たちは育つはずがない。ましてや、すでにこうした感覚を養うことなく入省し、縦割りの部局の中でこれまで職業人生を過ごしてきた外務省員たちをめぐる絶望的な状況は、いわずもがなである。

しかし、外交における「戦略の不在」が語られると、日本の外務省における議論はほぼ自動的に「制度改革」論へとつながっていく。なぜなら、そこでは「すでに創造されたもの」という意味での制度＝法を学んだことしかない者だけが寄り集っているからである。その一方で、「政経合体戦略」にもとづき、ダイナミックな現状認識と国富をコアとした分かりやすい目標は立てられないため、訳の分からない名目上の「制度改革論」だけが横行することになる。

問題なのは何も外務省のキャリア職員だけではない。外務省全体が、これまでおよそ「経済感覚」を持たない人間の集合だったことは、いわゆる「ノンキャリア」職員をも巻き込んだ一連の不適正経理を伴う不祥事事案からも明らかだ。「お金は帳簿の操作で、どこからともなく降ってくる」と錯覚してきた外務省の職員たちが、国家のために、国富の増大について云々する能力を全く持たないことはおのずと明らかだ。

私自身は、やがて日本の外務省が、ここでいう意味での「政経合体戦略」を持つ職員に満ち溢れるようになり、「国家・外交戦略」をリードしていく可能性は現状のままでは乏しいと見ている。繰り返しになるが、その原因の一つは、あくまでもそうした「政経合体戦略」を幼い頃から刷り込むための、政経不即不離を前提とした教育体制が日本には整備されていないことにある。

もちろん、同僚にも、ここでいう「政経合体戦略」に似たスケールの発想力を持つ人物がいないわけではない。だが、そうした議論は省内では、なぜか「大風呂敷」「役人らしくない」と揶揄され、「際物」扱いされてしまう。物事を真剣に考える者ほど上司からは疎んじられ、やがて外務省を去ることになる。

そして私が見るに、「政経合体戦略」が外務省にこのままでは根づかないであろう原因がもう一つある。それは、「相手国の実情を常時知るためのインテリジェンス」と、「相手国が依って立つものを自らの創ったもので代替させてしまうアプローチ」の両方が、ともに「政経合体戦略」とは切っても切れない関係にあることが明示的には認識されていないことである。

「相手国が依って立つものを自らの創ったもので代替させてしまう」もっとも過激な例が、軍事力をまずは行使して平和を「構築」し、その後、「演出」することであろうが、それに限らないことは言うまでもない。日本について言えば、ＩＴ技術、会計基準・制度、あるいは間接金融を否定し株式を通じた企業による資金調達（直接金融）を推奨すべく喧伝するなど、相手の依って立つものを骨抜きにし、国富をこちらに移転させる手段はいくらでもある(これを意図的に唱導してきたのが我が同盟国=米国であることは、悲しいくらい、日本社会では認識されていない)。これらは、前章で述べたネットワーク分析で言えば、自ら「ハブ」となるための手段だ。「ハブ」空港を通らなければ、地方空港から別の地方空港へは直接行けないように、日本も狙った国にとっての「ハブ」であり続けるためのものを提供すればよいのだ。

そして、その典型とでも言えるのが「情報」であり、「知識」である。一過性の武力ではない。武力によって人々は恐怖に陥れられるが、継続的な「中毒症状」にはならない。これに対し、知っている者だけが「富」へと一歩近づけることに気付いている者は、その情報や知識を供給する者に依存し続けることとなる。このことの凄まじさは、バブル経済崩壊と時をほぼ等しくして、多くの優秀な日本人たちが米国の大学における留学に勤しんだことからも明らかだろう。彼ら・彼女らの大半は米国の富と知と制度に圧倒され、その「信徒」となって帰国する。そして、彼らが新たに築き上げつつある日本経済が米国流の知と制度によって棚ごと入れ替えられることが、実は米国としての「政経合体戦略」の結果であることはあまり気付かれていない。

こうした嘆かわしい状況であるにもかかわらず、外務省を中心とした日本外交関係者には、「政経合体戦略」にもとづき、日本を基点に世界を動かしていこうという意思よりも、「世界の流れ」に何とか乗り遅れまいとする受け身の精一杯さだけが目につく。そして、何かというと旧態依然とした内向きな「制度論」に議論を終始させるのが彼らの習性だ。本当ならば早急に、「政経合体戦略」にもとづき、冷静な目で日本自身の国富の増進のためにいかなる国・地域に狙いをつけるべきかを検討し、その実現のための段取りを考えなければならないのに、である。

だが、ここで百歩譲って、そんな日本の外交関係者ではあっても、今後、情報リテラシーという意味での「情報（インテリジェンス）力」や、政経不即不離のなかでの戦略策定能力である「政経合体戦略」を練り上げる力は身につけることができたとする。すると、今度は「政経合体戦略」にもとづき、手中にあるいかなる駒をどのように進めていくべきなのかという、より戦術的な議論へと進むことになるのだ。

「情報（インテリジェンス）力」から「政経合体戦略」へと進むにあたって、両者をブリッジするキーワードとなったのが「情報」であった。そういった「情報」そのものを切り売りすることで、存続しているのがメディアだ。したがって「情報の流れ」を「情報（インテリジェンス）力」から「政経合体戦略」へと辿っていき、その「情報」にもとづく「政経合体戦略」を実現しようとするにあたっては、そこで主のように居据わっているメディアとどう付き合っていくのかという課題に出くわすことになる。

第三章 情報操作をめぐる暗闘

リーク騒動の日々

お屠蘇気分の抜けない二〇〇四年一月初め。北東アジア課で私の隣に座っているK君の電話口でいきなり、テレビでは「温厚」そうな表情で有名な藪中三十二《みとじ》アジア大洋州局長の怒声が響いた。――「いったい誰がこんなリークをしたのか探せ！」

その出来事は、ワシントン発のある一つの記事から始まった。

中国は北朝鮮がウランについて努力しているとは確信していない（"Chinese Not Convinced of North Korean Uranium Effort."二〇〇四年一月七日付ワシントン・ポスト紙グレン・ケスラー記者執筆）

「中国は、北朝鮮が核兵器開発のためにウラン濃縮の秘密計画を進めているとの米国の主張を信じていないとアジアの外交官たちに語った。そのような議論が行なわれたことについてブリーフを受けた米国政府職員が明らかにした。（中略）

先週、ソウルにおいて日中韓が北朝鮮問題に関する協議を行なった際、中国でこの問題を取り扱っている最もハイランクな外交官の一人が、中国は北朝鮮が高濃縮ウラン計画を有しているとは信じていないと語った。この協議について日本側から情報提供を受けた米国政府職員が明らかにした。

この協議において、中国政府の傅瑩《フーイン》女史（中国外交部アジア司長（当時）――引用者注）とその日本側カウンターパートである藪中三十二氏（外務省アジア大洋州局長――引用者注）は、北朝鮮による核計画を凍結させる可能性について議論を行なっていた。その際、藪中氏はヨンビョン（使用済み核燃料の再処理施設――引用者注）と高濃縮ウラン計画の両方を凍結させる必要があると指摘した。

これに対しフー女史は、北朝鮮は濃縮計画の存在を否定してきており、中国も北朝鮮がこのような計画を有しているとは信じていないと応じた。さらにフー女史は、（この問題に関する――引用者注）米国政府からの中国に対する説明は不十分であり、中国としては北朝鮮がそのような計画を有していると納得するに至っていないと付け加えた。

この協議に関して米国政府職員に対しブリーフを行なった中国政府関係者によれば、フー女史は藪中氏に対し、単に米国と北朝鮮は濃縮計画が存在するか否かについて合意に達していない点を指摘したに過ぎないとのことである。（中略）

ワシントンにある中国大使館のスポークスマンであるサン・ウェード氏は、日本側によるこの協議に関する説明について、本国に照会した上で、八月に行なわれた第一回六者会合において、北朝鮮と米国は、北朝鮮がウラン濃縮を追求しているかどうかについて合意に達しなかったと指摘した。

『中国は、北朝鮮の核計画に参画したことは全くない』とウェード氏は、北朝鮮政府関係者についてイニシャルを用いながら語る。『我々は、北朝鮮の核計画あるいはその能力について知らない。我々は、北朝鮮がウラン高濃縮計画を有しているかどうか知らない。我々の理解によれば、日本側はこのような状況について完全には認識していない。』日本政府関係者は、コメントを避けた。」

つまり、北朝鮮による核問題の発端となっている「ウラン濃縮」について、中国は北朝鮮がこうした計画は持っていないといまだに思っていると、日本外務省の関係者が米国の政府関係者に説明した内容が、なんとそのまま新聞記事になってしまったのだ。外務省幹部がこんなあからさまなリーク記事を読んで、怒髪天を衝いたのも理解できないではない。事の真相は別としても、あたかも日本側が事を錯綜させてしまっているかのような書き方だ。しかも、日本政府はコメントを差し控えたと書いたことが、事の怪しさを上塗りしている。名指しをされた人間としてはたまったものではない。

では、米国はどう反応したのか。米国は中国とは異なり、二〇〇二年十月以降、北朝鮮は自ら「ウラン濃縮」計画による核兵器製造を認めてきているという立場だ。翌日、バウチャー国務省報道官は、定例記者会見の場で次のように何事もなかったかのように答える。

「記者——中国が他の（引用者注——米国の）同盟国に対し、北朝鮮が現にウラン濃縮を進めているとは信じていない旨言及したことを米国は認識しているというのは本当か。
バウチャー報道官——本件については、以前、ケリー次官補が北朝鮮側に、この件を問いただした際、北朝鮮側はそのような計画を有していることを認めた。中国側もこれに関し疑問を抱いているとは考えられないが、中国側の考えに関しては、中国側に聞くべきだ。いずれにせよ、米国は北朝鮮がウラン濃縮計画を有していたことを知っており、北朝鮮側もこの事実を認めている。」

米国のこのような「公式」の反応を聞いて、ますます事態は複雑なものとなる。先ほどのワシントン・ポスト紙は「米政府関係者のリークによれば」と明確に書いている。もちろん、ニュース・ソースはそれ以上明らかにはならない。その一方で、米国政府自身はというと、そんなリーク自身には言及せず、従来からの自らの立場（＝北朝鮮は核兵器をつくるため「ウラン濃縮」を行なっている）を繰り返すのみだ。あたかも「中国が何と言おうと、事実は事実なのだから仕方がない」と言っているかのようである。

このウラン濃縮計画をめぐる応酬は、北朝鮮の核問題をめぐる焦点に関わっている。なぜなら、そもそも二〇〇二年秋に新たに始まった「北朝鮮の核問題」は、「ウラン濃縮」計画を北朝鮮が追求していたことに始まるからだ。

二〇〇二年九月十七日。小泉総理は日本の総理としては初めて、北朝鮮の首都・平壌を訪問する。通常、首脳の外国訪問の際には、相手国の首脳が主催する晩餐会が開かれるのが外交上のしきたりとなっている。しかし、なにぶん「喜び組」で有名な北朝鮮のことだ。そうした食事の場でどんな仕掛けや接待があったのかをめぐって、日本では国内的に政権を揺るがすような大問題になりかねない。

そうした考えから、この電撃的な小泉総理訪朝は会談のみの「実務訪問」として行なわれ、正体が依然としてベールに包まれている最高指導者・金正日国防委員会委員長との会談が実現した。双方の「首脳」は、日朝国交正常化の実現に向けた意思を表明する政治宣言「日朝平壌宣言」に署名し、日朝関係が新時代を迎えたことを高らかに宣言した。

もちろん、こうした日本側の北朝鮮側への歩み寄りは、一九九〇年代後半の北朝鮮に対し融和的であった時流とは全く無関係だったものではない。むしろこれは、旧東側諸国や非同盟諸国のみならず、フランスを除くEU諸国までもが北朝鮮との「関係正常化」に励んできた流れの「総決算」とも言える出来事だったといえよう。

北朝鮮は九〇年代初頭に黒鉛減速炉（旧ソ連型の原子炉）における使用済み核燃料を再処理し、プルトニウムを抽出することで核兵器を開発しようとしているのではないかとの疑惑を持たれた。

北朝鮮は核兵器の保有を五大国（米、ロシア、英、仏、中）に限定するとした核不拡散条約（NP

T条約）の締約国だ。こうした核計画が条約違反であることは明白だった。

この北朝鮮による核開発問題によって、北東アジア地域で一気に緊張が走ったことは言うまでもない。しかし北朝鮮側は、核開発が自らの生存権を守るためであるとし、NPT条約からさえも脱退しようとする。また、北朝鮮側はそもそも核開発をしなければならないのは米国による「軍事的圧殺策動」があるからだと主張し、米国との直接交渉を求めた。これに対し、米国はいっさい折れなかったため、米朝間の緊張は、クリントン政権（当時）が極秘裏に対北朝鮮空爆を検討するほどまでにエスカレートした。

北朝鮮・寧辺（ヨンビョン）の核開発施設
（写真提供：AP／WWP）

しかし、米国としても日・韓との同盟関係、あるいは中国とのパワーバランスが微妙なこの地域で、軍事力の行使は最善のオプションではない。苦慮の末、クリントン政権は米朝交渉に応じ、一九九四年、「米朝枠組合意」がスイスのジュネーブで成立する。これによって、北朝鮮側は黒鉛減速炉を放棄するかわりに、米国に追随する関係国の資金により、核兵器開発には向かない軽水炉の供与を受けることとなった。

そしてこれ以後、九〇年代になると一貫して、それまで外交関係を有していなかった先進各国が北朝鮮詣でを続けることとなるのだ。そして、米国すらオルブライト国務長官が訪朝するに至り、残るは日本だけとなっていた。その意味では小泉総理の訪朝自体は、「ようやく実現した」との評価があっても国際場裏からは不思議ではないものだったと言えよう。

ところが、事態は総理訪朝の直後の十月に、同じく訪朝したケリー米大統領特使の報告によって一転する。なぜならば、少なくとも米国側の説明によれば、北朝鮮はケリー特使との会談の席で、「ウラン濃縮」計画の存在を認めたからだ。

「ウラン濃縮」とは、天然ウランを遠心分離器等で濃縮し、核兵器としての使用に耐えるほどまでに高濃度にする方法である。広島型の原爆の製造方法として米国が用いたこともある。作業の過程で自然界にない特異な物質（クリプトン）が放出され、発見されてしまう再処理とは違い、ウラン濃縮は巧妙だ。時間こそかかるが、大量の遠心分離器を地下で数年間回し続ければ、誰にも気付かれないままに、やがて核兵器の原材料がつくられてしまうからである。

このようなケリー特使の報告はまさに寝耳に水だった。なぜなら、世界各国とりわけ先進各国は、「米朝枠組合意」によって核問題は解決されたことを前提としつつ、北朝鮮との国交を樹立したからだ。ところがケリー特使によれば、北朝鮮は巧みにも「米朝枠組合意」では明示的に言及されていないウラン濃縮という、別の方法で核開発を進めていたというのだ。これでは話が違う。——各国がそう怒ったのにも無理はない。

日本との関係で「拉致問題」について状況が複雑化したこともあり、北朝鮮の「国際社会への復帰」への道のりはふたたび振り出しに戻ったかのような感すら持たれた。しかしここで、北朝鮮側は思いもよらぬ手段に出る。新たな核問題の中核である「ウラン濃縮計画の存在」そのものを否定してきたのだ。

約束に反して核兵器開発を北朝鮮が進めていたと主張する米国。そして、そうした主張こそが、米国による「対北朝鮮敵視政策」の表われだと激しく非難する北朝鮮。事態は、再び緊迫の度合いを深めていった。

この過程で、同じ「共産主義国家」であり、北朝鮮と「血の同盟関係」にある中国が相当程度、大きな役割を果たしたことは言うまでもない。中国が歴史上、「朝鮮民主主義人民共和国」の建国以来、一貫してその国家建設を支援してきたことは事実だ。したがって、北朝鮮の核計画について、中国が知らないわけがないと推定するのが当然の成り行きだろう。

だが、中国の立場にたってみれば、そうした指摘は同時に、北朝鮮の核問題について責任の一端を担わされることを意味する。文化大革命の終焉から二十年余。ようやく経済大国への道を歩み始めた「眠れる獅子」にとって、そんな疑いを理由にあれやこれやと再び「封じ込め政策」のターゲットにされてはたまらない。

こうした各国の思惑の下に、問題の「平和的・外交的解決」に向けて北京で開催されたのが、第一回六者会合（二〇〇三年八月）だった。この席上、米朝双方は激しく衝突し、「ウラン濃縮計画」の存在は確認されずじまいであった。

＊ちなみに、北朝鮮側はその後も一貫して、ウラン濃縮計画の存在自体を否定している。例えば、第二回六者会合（二〇〇四年二月）の直後に出された労働新聞論評（同年三月八日付）は「『検証可能な核廃棄』なるものは、極めて陰険なものである。……（中略）……米国が今回の会談に自分らが捏造した『ウラン濃縮』問題を再び持ち出し、それを認めるよう要求したのも、『検証』の美名の下に我が国の内部をことごとくほじくりかえすためのシナリオにもとづくものであった」としている。

こういった流れの中で、日中韓の政府高官がソウルに集まって、情勢認識についてすりあわせをしたのが二〇〇三年十二月末。経緯論はともかく、事実としてこの協議に米国は呼ばれなかった。

関係当事国でありながら、何らかの理由で協議や会議に呼ばれなかった時、当該国は無視されたと臍を曲げることも少なくない。ましてや、問題の発端から関与している米国が相手である。同盟国・日本は、速やかにこの協議の結果につき、「ビジネス・アズ・ユージュアル（いつもの出来事）」として米側へブリーフィングを行なったとしても不思議ではなかろう。

ところが、冒頭紹介したとおり、このブリーフィングについていきなりリーク記事が出た。しかも、ニュースソースは、詳細は分からずとも「米政府関係者」とある。

「誰が、いったいどういう意図でこんな激しいあからさまなリークを行なったのか」――さまざまな見解が交錯するなか、いっこうに明らかにならない「事実関係」に取りつかれたかのように、藪中局長の怒号が再び北東アジア課のオフィスに響き渡る。

「早く調べろ！　いったい誰がこんなリークをしやがったんだ！」

はっきり申し上げよう。こうした場合、我が日本国外務省は全く「検証手段」を有してはいない。つまり、誰が、どういう意図で、いつリークを報道関係者に対して行なったのかを組織的に調べる手段を有していないのだ。

日本の報道各社であれば、さしもの日本国外務省であっても、昔の馴染みで非公式かつ「個人的」に教えてもらえる場合が無きにしもあらずではある。しかし、相手が外国プレスである場合には、さらに事情は深刻だ。「相手国のあらゆる政治家のすべてのスキャンダル記事を週刊誌から収集し、首都でファイリングすらしている」とまで揶揄されている某国とは異なり、外務省の「外国プレス対策」はあまりにもお粗末だ。

世界中にある日本の在外公館（大使館、総領事館）は、公館長である大使・総領事の下に次席がおり、大まかに言うとその下に政務担当、経済担当、広報文化担当、領事担当、会計・警備担当がぶら下がっている。そしてそれぞれの担当が現地のカウンターパートを持ち、東京の本省からの指示を受けて情報収集にあたったり、カウンターパートへ働きかけたり、あるいは要人（総理、大臣、国会議員等）が日本とその国との間を行き来するのにいろいろな準備をしたりする。

こうしたなかで、在外公館にはプレス担当官はいるものの、その主たる業務は現地に駐在する日本人プレスの世話か、現地の報道をフォローするにとどまる。現地の報道各社との直接の関係はほぼないに等しい。現地の有力新聞の編集長を一年に一、二回、大使公邸に招いては会食をし、「友好関係を確認する」といったことをするのがせいぜいだろう。

だからこそ、ここで言うようなリーク事件が生じると、まるで蜂の巣をつついたような騒ぎとなる。東京の本省では国会審議において追及される可能性もあるので、事実関係を調べろと幹部が若い事務官相手に怒鳴りまくる。これを受けて、在外公館に調査が指示されるわけだ。

ところが、当の在外公館からすれば、そんな指示は厄介なだけである。「事実関係を明らかにせよ」と言われたところで、リーク記事を掲載した現地報道機関とは顔なじみになっていないのが普通である。そんな日常的に接触していない相手に、ニュースソースの開示を前提とした事実関係の「確認」に応じる報道機関がいるわけはないだろう。

そうした状況を自ら分かっているだけに、在外公館の側では、まずは普段のカウンターパートである相手国政府外務省に対し、事実関係を確認することになる。しかし、相手国政府外務省は大概の場合、「事実を知らない」か、「報道はともあれ、政府の方針は一貫している、安心せよ」としか言わない。

もっとも後者のコメントを得られれば、在外公館としては「御の字」だ。すぐさま大至急の公電で「A国政府の立場は一貫しており、報道とは無関係」と報告する。本省で時に、寝ずに報告を待っている若い事務官たちもほっと胸をなで下ろすことになる。彼らの上で待ち受けている外務省幹部たちにしても同じだ。「A国政府の立場は一貫。報道とは無関係」との報告を受けて、喜び勇んで翌朝の記者会見で同じ台詞を繰り返すことであろう。

私がここで問題視したいのは、しかしながら、こうした外務省におけるメディアに関する「慣性力」とでも言えるものだ。本当に、喜び勇んで「A国政府の立場は一貫。報道とは無関係」などと無邪気に対外応答を繰り返すだけでいいのだろうか。

つまり、そうした対外応答をする前に、もっと考えるべき重要なことがあるのではないか。そもそも外国プレスを経由して、あるいは日本のプレスに直接なされ、報じられたリーク記事が日本の世論に対して与えたインパクトはどうなのか。外務省が急ごしらえの対外応答で火消しにまわったところで、日本の世論に対し件のリーク記事で植え付けられた固定観念は何ら解消されないのではなかろうか。

こう考える時、私は、かつて敬愛すべきある老練な先輩外交官から聞いた言葉を思い出す。

「なぁ原田君、ボクシングのパンチには二種類あるだろう？　一つは一気に倒してしまおうと大振りにアッパーパンチを相手に食らわすやり方。もう一つは、華はなくとも、とにかくボディーブローを繰り返すやり方だ。どちらが勝つボクサーのやり方だと思う？」

「やはり、いつも勝ち続けるスター選手だったら、いきなりアッパーなんじゃないんですか。」

「ははは、君もまだ若いな。本当に勝つボクサーは、アッパーなんて打ち込まないよ。勝利のためには、目立つことではなく、相手が体力を消耗するように地道にボディーブローを繰り返す。外交も同じだよ。」

メディアとの関係も同じなのではないだろうか。リーク記事が出る。これを否定する政府の見解が続く。だが、リーク記事が出たという「事実」は変わらない。

しかも飽きっぽい「世論」のことだ。最初のリーク記事は耳目を引くにせよ、これを否定する政府の説明に関心を持つ者などほとんどいない。

その結果、「公式見解」あるいは「政府の確認事項」ではなく、「リーク記事」にある出来事だけが世間では大きく「事実」として育っていく。しかも、次から次に「リーク記事」は続き、外務省がこれを追いかけるにしても、切りがないことが多い。その間も、世論における流れははっきりと「リーク記事」の方へと流されていく。

問題なのは、他国の政府が政策の一環として、そんな「リーク」を積極的にとらえているような場合だ。しかも、外交政策の重要なパーツとして、むしろそれを自らの手で密かに行なっているような時には、無策な日本政府、ひいては外務省には手も足も出ない。

その結果、外務省のデスクには上司の怒号だけが空しく響き渡る。国会審議の場では、野党議員から激しく「リーク記事」の真相を追及されるが、外務省幹部たちからは紋切り型の「国会答弁」が繰り返されるだけだ。

しかし、疑惑が深まれば深まるほど、「知りたい」と思うのは人情だ。案件によっては、外国紙のリーク記事であっても、日本の有力メディアが大きく取り上げることすらある。すると最近では、熱心な納税者が「情報公開法」（正式には「行政機関の保有する情報の公開に関する法律」）にもとづき、外務省に対し関連する文書の情報公開請求を直ちに提起する。しかし、案件が重大であればあるほど、現行の情報公開制度によって真相が明らかにされることはまずあり得ない。なぜなら例えば安全保障上の重大な利益については、開示を拒むことができるとする規定があるからだ（情報公開法第五条三項）。

これによって、納税者たちの怒りは当然高まるが、しかしここで誤解していただきたくない点がひとつある。それはこれまで説明してきたとおり、外務省ですら、こと「リーク記事」については無力なのだ。ましてや外国メディアによる「リーク」であった場合、ほぼお手上げだと考えてもらってもよい。したがって、そうであるのに外務省を追及しても、やるだけ無駄なのだ。

しかも、真実を知らない納税者が、同じく真実を知らない外務省を追及しているという光景が、国内だけの「素人芝居」だったとすればまだ愛敬がある。読者の方々に是非ここで考えていただきたいのは、本当に「役者はそれだけか」ということなのだ。外国メディアに「リーク記事」が出た時、海の向こうの「書き割り」の陰に、本当の主役が控えてはいないだろうか。

「民主主義」から考える

こう書いてくると、外務省のかつての同僚、あるいは上司からお叱りの声が飛んで来そうだ。「外務省があたかもプレス対策を講じていないような言いがかりはやめてほしい。しっかりとした担当部局（大臣官房外務報道官組織）だってあるし、外務省改革の一環として広報・発信業務の充実に向けた努力が続けられているはずだ。実際、大臣以下、幹部による記者会見や懇談などで対外説明は懇切丁寧に行なっている。課長や首席事務官（課長代理）も、こまめに記者ブリーフィングをしたり、日々の記者からの質問に答えているではないか。」

だが、ちょっと待ってもらいたい。外務省で「プレス対策」と言う時、それは結局、実態として、何かが起こった後に「対外応答要領」を作成するだけではないのか。

私自身の外務省における生活を振り返っても、前向きな「政策ペーパー」が「青二才の仕事だ」と相手にされない一方で、応答要領は山のように作成した。特に北東アジア課では、年間二百近い応答要領を作成し、「また新たな記録ができた」と同僚たちと苦笑したことすらある。

もっとも、外務省全体がプレスと全く没交渉かというと、そうではない。課長・室長以上の中堅幹部の中には、ほとんど毎晩のように報道関係者と「忌憚無き意見交換」を繰り返す者も多い。これは、官僚としての「説明責任」と、国家公務員法における「守秘義務」との狭間で何が行なわれているのかについて、下僚である若い事務官にはほとんど明らかにされていない世界だ。

いわゆる「記者クラブ制度」を戦前より設け、政官の要人たちに「夜討ち朝駆け」で誠意を見せる日本のメディアの記者たちの精励ぶりはすさまじい。そうして彼らが収集する情報量は、実際に報道となって明らかにされるもの以上であることも多い。

そんなメディア側が持っている宝の山＝情報をめがけて、外務省の中堅幹部以上の者たちが果敢にも会食の形で突っ込んでいく姿は、一見したところ頼もしい。結局、日本の外交官も国内では単なる官僚にすぎない以上、自ら情報収集のために動ける範囲というのは限界がある。そうである以上、何らかのバーターを前提として、メディア側と「握っている」状況が必ずしも忌むべきものではないという「常識」が、外務省には「奥義」として厳然とある。

だが、問題は外務省において、そんな「プレス対策」があくまでも個人芸として行なわれているということなのだ。つまり、そこには外務省、あるいは政府全体として一貫したメディア観にもとづく対応があるとはおよそ思えないのである。定見、あるいは基本的なメディア観がないところで夜な夜な「意見交換」が行なわれるため、そこでの外務省幹部の対応には一貫性がない。メディアの側もこれを承知で「意見交換」を行ない、組織的に収集した情報をベースにある「事実」を特定し、翌日、早々からこれを報道する。

ところが、これに対し外務省幹部の側はといえば、相互に、昨晩いったい誰が何を話したのかを知らず、疑心暗鬼なままだ。だが、犯人は自分たちの誰かであることだけは知っているので、形だけは声高に犯人探しを繰り広げることになる。

もっとも、自らメディアに繰り出す豪気な中堅幹部、あるいは幹部はまだよい方だ。時にメディアと没交渉な中堅以上の幹部職員もいる。彼ら・彼女らは、ひたすらデスクに上がってくる公的書類だけが「真実」の記述だと信じてやまない。そして、こういった幹部たちはメディアに対しては侮蔑の表情を見せるだけだ。

いずれにせよ、外務省には「プレス対策」はあっても、本当の「メディア」の姿と役割に関するしっかりとした認識はない。あるのは、夜な夜な高まる同僚職員への「リーク」をめぐる猜疑心と、翌早朝から振り回される若い事務官たちの疲労感だけだ。

それでもあえて私はここで、こうした外務省におけるメディアに関する「惨状」を振り返り、その変革に向けた提言を考えたい。なぜなら、それは日本外交の将来にとってあまりにも決定的な意味合いを持つことだからだ。このことは、日本外交が持つべき「戦略」と大いに関わっているからだ。


問題の根源を探るには、まず、「メディア」がなぜ現代社会で必要なのかという点に立ち戻って考える必要がある。これについて考える時、まず参考になるのは、今から二十五年ほど前に、日本の最高裁判所が下したある判決に書かれた次のようなフレーズだろう。

「報道機関の報道は、民主主義社会において、国民が国政に関与するにつき、重要な判断の資料を提供し、国民の『知る権利』に奉仕するものである。したがって思想の表明の自由と並んで、事実の報道の自由は、表現の自由を規定した憲法二十一条の保障のもとにあることはいうまでもない。また、このような報道機関の報道が正しい内容を持つためには、報道の自由とともに、報道のための取材の自由も憲法二十一条の精神に照らし、十分尊重に値するものといわなければならない。」

（昭和四十四年十一月二十七日、最高裁大法廷決定、いわゆる「博多駅事件」判決）

博多駅で生じた左翼学生運動の模様を映した民間テレビ局のフィルムについて、当局が提出命令を出したことに関するこの判決は、いくつかの決定的な出来事を明らかに前提としている。

まず、「民主主義」において、政治に国民は当然関与するものだということ。しかも、その国民は政治において「判断」を下す主体であることも前提とされている。

第二に、そういった形で政治にアクティブな形で参加し続けるはずの国民との関係で、報道機関は「真実の使者」の役割を果たすともされている。

第三に、だからこそ報道機関は「報道の自由」を保障されているのだということになる。ここには書いていないが、要するに一個人が森羅万象についてすべて調べまわることは不可能だという現実認識がそこにはある。

こうして、政治に日々、アクティブに関与し続ける国民と、それを従順にもサポートし続ける報道機関という「憧憬画」がこの判決には見てとれる。戦後日本における「民主主義教育」を受けてきた読者の方々にとっては、これはあるいは言うまでもない「常識」を繰り返した凡庸な文章のように思えるかもしれない。

しかし私には、この文章は「愚直」なまでにも事実を描写したものであるとは決して思えないのだ。むしろその背景には、特定の価値判断と、それにもとづく操作が潜んでいるように思えてならないのである。

なぜなら、年がら年中、政治について考えている人が、私たちの身の回りに普通にいるだろうか。いや、私も含め、読者の方々はどうだろう。——答えは否だ。

日常はともかく、選挙の投票日はどうか。日曜日が晴れだったらどこか楽しいところへ出かけようと思うのが人情だ。そう、投票場にすら行っていないのが実態ではないのか。現に国政選挙を見ると、投票率は平均して五割前後、あるいはそれ以下をマークしていることが多くはないか。

では、誰が「政治」をしているのかといえば、まず思い付くのが選挙によって「選ばれた」議員たちだ。しかし、議員たちに「あなたたちが政治を動かしていますか」と聞いた時、「そうです」と答える人はまずいない。そのかわりに彼ら・彼女らは必ずや「いいえ、世論にしたがって動いています」と答えるに違いない。

こうして「世論」という得体の知れないものが議論の表舞台に登場する。ちなみに、これと似た言葉に「民意」という言葉がある。しかし「民意」とは、「選挙を通じてなされる有権者としての『民』衆の『意』思」を指すとされる（橋本晃和『無党派層の研究　民意の主役』中央公論新社）。したがって、この定義によれば、選挙以前には「民意」は存在しない。ここでは、「世論」とは選挙が行なわれる前の「世間一般が総体として上げている生の声」だと漠然と考えておこう。だとすると、「世論」とはいったい、どうしたら把握することができるのだろうか。

現代の日本に暮らす私たちは普段、「民主主義」の世の中は当たり前だと考えている。ここでいう「民主主義」とは、「具体的に存在している国民が政治的統一体としての自分自身と一致しているという原則に対応した国家形態」を指す（カール・シュミット『憲法学』。翻訳は筆者）。つまり、民主主義とは権力の担い手とされる「国民」が、自分自身で自分のことは決めるべきだという確信にもとづく政治体制だということができる。

そうである以上、今度はそこでいう「国民」が「自分は何を考え、何を望んでいるのか」についてはっきりと分かっていることが前提となる。なぜなら、何を考え、何を望んでいるのかがわからなければ、どちらに進めばよいのか分からないからだ。つまり民主主義とは、「自分自身をよく知っていること」を暗黙の条件としている。

ところが、これが案外難しい。読者の方々も日常生活のなかでふと立ち止まって、「私はいったい何がしたいのか」と思い悩む瞬間もあるだろう。個人ですらそうなのだから、個人が集まった集団としての「国民」の場合では言うまでもない。

もっとも「国民」が、議員を選ぶ権利（選挙権）を持つ者だけを指し、しかもその権利を持つ者（「市民」）が納税額で制限されている時代はまだ楽だった。一定の納税額を前提とした制限選挙では、実態はともかく「市民たるもの、教養と理性をもって判断すべし」という建前が持たれていたからだ。したがって、そこでは「理性」にもとづき、「市民」の代表である「議員」が議論する中で生まれてくる一つの見解こそ「世論」であるとされた。この時代、「世論」はよって理性の産物として絶対であり、立憲君主であっても傅《かしず》くべきものとされた。

ところが、やがてこの「市民」の「世論」は時代遅れのものとなる。社会が高度に複雑化するにつれ、そこで生ずる問題の一つ一つについて、議員たちが細かく議論することは不可能となってきたのだ。

それでもなお、決定を先送りしてまでも旧来型の「世論」を守ろうと、世論の潮流の速さや、問題を迅速に解決する必要性の高まりにもかかわらず、議員たちが議会で議論を続けてあくまでも物事を決定するという慣行を守った結果、一九三〇年代、各国では議会政治が危機に瀕することになる。なぜなら、そこでは議論はされても結論は出ず、経済恐慌の打開といった問題・課題はいっこうに解決しなかったからだ（カール・シュミット『今日の議会主義の精神史的状況』参照）。

そのようななかで、議会における「理性にもとづく議論」に代わって、新たに「瞬発力」があり、「すべての分野」について分かりやすく「説明してくれる」ビッグブラザーが登場する。ここで、当時の通信分野での技術革新を背景として、「世論」の偉大なる提供者として登場したのが「メディア」にほかならない。

やがて、第二次世界大戦の惨禍が過ぎ去り、復興の声とともに「テレビジョン」という巨大なメディアが登場する。活字を愛し、それを通して思考することで「真理に到達すべし」と信じていた旧来型の「教養階級」すら、やがてテレビが報道する「事実ありのまま」へと飲み込まれていく。なぜなら、粉飾しない事実こそが私たちにとって「知りたいもの」であり、それにもとづく「決定」こそが、正しいに決まっているからだ。

テレビに始まり、次第に画像を中心とするようになってくるメディアは、圧倒的な情報量をもって「事実ありのまま」を毎日の食卓へと運び続けている。

そして、二十一世紀を迎えた現代。テレビではまだ「見たく、知りたい報道番組」がやっていないという問題があったのが、より速報性をもったメディアの出現で一変する。インターネットの登場である。当初、大容量の送信が一般には不可能であったインターネットも、日を追うごとにネットワークを広げるブロードバンドによって、画像配信がもはや主流になりつつある。そう、その結果、私たちはいつでも、どこでも、「事実ありのまま」に触れることができるようになったのだ。

「いいことじゃないか。かつては議会で延々と議論をしなければ真理に到達できなかったのに、今では『事実ありのまま』を目にした私たち自身が的確に判断できるようになったのだから。」——そう思われるかもしれない。だが、私に言わせれば、これは誰かに乗せられた議論だ。こういったメディアによる「世論」形成に対して端的に警鐘を鳴らした次のような言葉を紹介したい。

「言いたいことが言えるのは、じつは出演者ではない。消費者に対して絶対的な影響力をもっているのはメディアそのものである。それは特定のパワー・センターから、論理的には普遍的存在である、分断された無力な個々の聴衆に対して放射される。なにか特殊な番組でないかぎり、視聴者は『音声素材』の選択にいたる細部への作り手のこだわりまでは興味を寄せない。いくつかの世論研究によれば、人は基本的にテレビを受け身で観るものであり、そのさい、防御的姿勢も低下すると同時に集中力も散漫になっているようだ。」(ブルース・カミングス『戦争とテレビ』渡辺将人《まさひと》訳、みすず書房)

つまり、テレビあるいは映像メディアの背後には、明らかに「何を見せ、何を見せないのか」という取捨選択に関わる何者かの意図がある。情報量としては、「事実ありのまま」からはより遠くなる活字情報ではなおさらだろう。

賢い視聴者は、そんな「操作」には乗せられまいとして、失われ、操作される「自分自身」を取り戻そうと「ザッピング」をする。つまりテレビの上で、複数のチャネルを次々にリモコン上で飛び回っていくのだ。しかし「ザッピング」をしたとしても、所詮、メディアはメディアである。そこでは「事実ありのまま」として報じられるものが、本当はある意図にもとづいたものだという構造に変わりはない。

「事前にすべての（表面的には広い）選択をしてくれるメディアを超克しようとするうえで、自分の『視聴経験』を組み立てる行為は小さな喜びだ。いつのまにか誘発されるだけの感覚は、まるで一〇〇種類の味のするアイスクリームのように究極的に退屈なものだ。なにを施されようと、それはアイスクリームでしかない。しかし、テレビはまた少し違うかもしれない。自分で選択しているという幻想がより強くある。選択についてのリアリティも同様かもしれない。より独特の不可視な構造が、背後にはある。」（同上）

もっとも、視聴者＝「国民」の全員がザッピングをするだけの発想を抱いているわけでもないし、そのための時間的、金銭的な余裕もない。普通の日常生活の中で、例えば複数の新聞を同時並行で読むことなど希であろう。そうであればなおのこと、メディアの発する甘い言葉の裏側にある「意図」との距離感はより近くなっていく。

その一方で、体験的に言えば、より裕福な生活を楽しんでいる日本人の中で「私はテレビを見ない。雑誌も読まない。だから、メディアからは自由だ」と豪語する人たちがいる。実際、私の身の回りでも、いわゆる「シロガネーゼ」（東京・港区白金の高級住宅街に暮らす若い女性）と称される友人の中で、「テレビは見ない」と嬉しそうに自慢する者がいる。

最近のマーケティングの流行は「口コミ」なのだという。メディアに飽き足りない人たちは、身の回りの「有識者」からの「口コミ」を有力な情報源として活用する。現代日本では、現に数多くの「口コミ・サイト」が盛況ですらある。仮にこれが事実であれば、メディアからは切り離され、それには媒介されない「世論」が再び登場してきてもよいようなものである。

しかし、そう信じることは大いなる幻想だ。先ほどのシロガネーゼ女史はしばしば、「友人・知人が確かに自らでよいもの、正しいものと確信したからこそ、私に話してくれたものだけを私は選ぶ」と言いたいような顔をする。でも、そんな彼女であっても、実はメディアによる呪縛からは決して自由ではない。

そのことは、ラザースフェルドらが一九四〇年代から五〇年代にかけて、米大統領選挙の人々の投票行動について行なった古典的な研究からも明らかだ（安田雪『ネットワーク分析　何が行為を決定するか』新曜社）。この研究によれば、「人々はマスコミから直接に影響を受けているのではなく、まず一部の活動的な人々にマスコミからの影響が与えられ、彼らが仲介者となって、その影響がそれ以外の人々に伝播されていく」のだという。

そして、ここでいう活動的な人々（オピニオン・リーダー）は、情報源として人一倍メディアに接しているのが常なのだ。さらにそうやって濃縮されたメディアの情報を、受け身に「口コミ」の形で受け止めるのが、それ以外の大多数の人々＝「フォロワー」なのである。

つまり「口コミ」とはいえ、メディアが唱える意図的な「世論」とは無関係ではあり得ない。いや「メディア離れ」を自称する人こそ、実際にはより強く「メディア操作」を受けているかもしれない。


これまで述べてきたことで、私たちが金科玉条のように唱える「民主主義」の結果、メディアによる操作可能性が必然的に高まってきたことが明らかとなった。これを読んで、読者の方々は、どう思われただろうか。——怒りだろうか？　それとも無力感だろうか？

私は、そのいずれでもない。逆に、そうであるからこそ、外交当局者にとっては、さらなる可能性が秘められているのだと確信する。こうした民主主義政治とメディアをめぐる冷厳な現実を踏まえてこそ、あらたなフロンティアが日本外交には開けてくるのだ。

それはなぜか。

「メディア統治」にもとづく外交の必要性

私は、これまで述べてきたメディアをめぐる「現実」を逆向きに使えば、日本外交にとってまさに「ボディーブロー」に匹敵するくらいの力がつくと信じている。それは一言でいえば、「メディアに対してしっかりとアプローチをせよ」ということだ。

それでは、ここでいう「メディア・アプローチ」とは何か。それは、メディアに統治（コントロール）されるのではなく、内外のメディアに対する統治を前提として、外交政策を実現していくことである。その際、実現されるべき政策が前章までに考えてきた「政経合体戦略」にもとづくものであり、かつ綿密で恒常的な「政経合体戦略」によるものであることは言うまでもない。

「メディア統治」などというと、すぐさま「検閲」を思い出してしまって、嫌悪感を感じる向きが多いかもしれない。確かに、「検閲」は日本国憲法第二十一条二項で明示的に禁止されている。この場合、「検閲」とは「公権力によって、外部に発表されるべき思想の内容をあらかじめ審査し、必要があるときは、その発表を禁止すること」を指す（宮澤俊義・芦部信喜『全訂　日本国憲法』日本評論社）。一般的には、個人あるいはメディアを問わず、何かを対外的に発表しようとする時に、これを政府が差し止めるというような場合が該当するだろう。

戦前の日本では、正式の検閲の制度こそなかったが、内務大臣が出版物の発売等を禁止する権利をもっていた。したがって、あらかじめ出版物を内務当局に検閲してもらう「習慣」があった。また戦時中は、紙の統制ともからみあって、かなり正式に検閲が行なわれた。

こうした戦前のいわゆる「思想弾圧」の経験をもって、検閲を忌避しようとする向きがいまだに強いことは、一方では理解できる。言論人の端くれとして、私もこの意味での「検閲」には絶対反対だ。

しかし、このように「検閲」に反対するからといって、同時に、そこから本来であればこぼれ落ちてくるものまで忌避する必要がないとも思っている。つまり、「検閲」という余韻が大きな概念に圧倒されるあまりに、本来であれば政府、とりわけ外交当局ができることもできないと考えてしまってはならないのだ。

そのような要素としては二つある。一つは、外交が対象としている別の国に所在するメディアへのアプローチだ。そしてもう一つは、日本国内にある報道機関との「共通の価値観」にもとづく連携関係の構築だ。私が思うに、これらはいずれも、先ほどいった意味での「検閲」には該当しない。ここではその理由を明らかにしつつ、これら両者についてさらに詳しく見ていくことにしよう。


前章において、「政経合体戦略」では、狙いを付けた国家・地域の社会・経済構造まで転換させることが目標とされることを紹介した。もちろん、そうやって狙いを付けられた国家・地域に住む住民からしてみれば、「太平の安寧」を破られるわけであるからたまったものではない。放っておくと必ず徹底して抵抗し、反日主義の炎が燃え上がることだろう。

そうである以上、そこには日本外交から対象とされる国・地域に暮らす住民自身が「納得」するプロセスが必要となる。それではその「納得のプロセス」とは何かといえば、結局は自分自身で考えて「こうでしかない」との判断に至ることだ。日本が「政経合体戦略」にもとづき展開する外交政策について、それとは知らず彼ら・彼女らが「こうでしかない」と自分で選び取ってくれれば、話は早い。そして、自分自身で選び取ったものについて、「それはあなたが考えたことなのだから守るべき」と主張することは容易い。

ここに、外交と民主主義が交錯してくる綾がある。現代の民主主義的な社会においては、結局、そこで決定の本質を形づくる「世論」の源となるのはメディアによる発信だ。そうであれば、外交がターゲットにすべきなのは相手国にあるメディアなのではなかろうか。

ある日突然、一つのメディアのある番組、ある紙面に日本が追求する議論が展開されるのでは、もちろんすぐに化けの皮がはがれてしまう。あくまでも自然に、そしてボディーブローのように、じわじわと浸透させていく根気強さが必要だ。

より戦術的なことを言えば、相手国のすべてのメディアを徹底的に分析する必要がある。最終的に仕掛けるのはすべてのメディアではあっても、力の入れ具合は、当該メディアの視聴率や実買数で判断すべきだ。その際、既存のメディアのみならず、インターネットであれば検索サイトといった、素人には気付かれにくい巨大な影響力を持つメディアへの目配りも忘れられない。

同時に、メディアでは大抵の場合、特定の人物が「信頼のおける人物」として頻繁に登場することが多い。ニュースキャスターやコメンテーター、文化人にタレントたち、あるいは「カリスマ主婦」といった類いの人たちだ。

身近に感じるメディア（複数回答）

単位：%	テレビ	ラジオ	新聞	雑誌	インターネットサイト	この中にはない
全体	79.8	16.9	36.1	15.5	72.9	0.3
男性計	76.7	20.3	39.6	13.7	76.0	0.5
男性10代	72.7	21.3	31.3	21.3	78.0	1.3
男性20代	74.7	17.3	28.0	11.3	80.0	0.0
男性30代	76.0	20.0	42.7	18.7	76.7	0.0
男性40代	77.3	18.0	43.3	10.0	76.0	0.7
男性50代以上	82.7	24.7	52.7	7.3	69.3	0.7
女性計	82.9	13.5	32.7	17.2	69.9	0.1
女性10代	78.7	10.7	24.0	25.3	66.7	0.7
女性20代	76.7	12.7	15.3	20.0	72.7	0.0
女性30代	82.0	11.3	30.7	18.0	72.7	0.0
女性40代	86.7	12.0	40.7	14.0	72.7	0.0
女性50代以上	90.7	20.7	52.7	8.7	64.7	0.0

情報収集に役立つと思うメディア（複数回答）

単位：%	テレビ	ラジオ	新聞	雑誌	インターネットサイト	この中にはない
全体	47.7	9.7	34.6	19.7	87.7	0.5
男性計	44.0	9.7	34.7	19.5	89.3	0.4
男性10代	34.0	6.0	24.0	18.0	91.3	1.3
男性20代	39.3	12.7	29.3	22.7	91.3	0.7
男性30代	46.0	8.7	29.3	24.0	88.0	0.0
男性40代	44.7	8.7	45.3	18.0	90.0	0.0
男性50代以上	56.0	12.7	45.3	14.7	86.0	0.0
女性計	51.3	9.6	34.5	19.9	86.0	0.5
女性10代	49.3	6.0	30.0	24.0	84.7	0.7
女性20代	42.7	7.3	30.7	26.0	90.0	0.0
女性30代	52.7	8.7	34.7	21.3	88.0	1.3
女性40代	57.3	9.3	42.0	19.3	85.3	0.7
女性50代以上	54.7	16.7	35.3	8.7	82.0	0.0

：各年代で最も高かった数値の項目
：各年代で２番目に高い数値だった項目
：各年代で３番目に高い数値だった項目

出典：(株) インフォプラント「生活者の『メディア接触』に関する意識調査」
(2004年6月3日付プレスリリース)

こうした人物たちを徹底してマークしていく。仮に時間的余裕があるのであれば、そういう人物として特定の人格をむしろ創りあげ、育てていってもよい。十年、二十年と経つ間に、立派な「言論人」がそこに登場する。

もっとも、現代日本でもそうであるように、雑誌や新聞は読まない、テレビは見ないという市民がますます増えつつある時には、インターネットに対する対策が重要である。特定のサイトに対するリピート率が高く、かつそのサイトが「客観性」を売り物としているのであれば、そこに日本外交のメディア力を展開する余地がある。

日常生活で私たちがもっとも利用しているのは検索サイトである。では、そうした検索サイトは現在、ほぼどういった文化的バックグラウンドをもった企業によって支配されているのか。精査に値する課題だ。

同時に、検索サイトの技術的な側面も詰めて考える必要がある。例えば「原田武夫」と検索してみて、仮に百のサイトがヒットしたとして、あなたはそのすべてを見るだろうか。通常はそうすることなく、最初の一頁だけ、ひどい時には「ヒット」した最初の一、二のサイトだけを見ることだろう。そうであれば、そうした検索サイトで上位にヒットする技術力を駆使することで勝負は決まってくる。

ほかにもなすべきことはいろいろとあるが、こうしてインターネットから既存のメディアまで、すべてを網羅的にまずはリサーチすべきだ。そして綿密なリサーチの結果、それぞれの媒体、人物の重要度ランキングが出てくることになる。だが、注目度の高いメディアだからといって、ここで焦って日本の「政経合体戦略」にもとづく主張をただちに流してしまうべきではない。基本はあくまでもすべてのメディアへのアプローチとなる。視聴者あるいは読者の立場に立って考えてみればよい。ある日突然、一つのメディアだけが突出し特異な議論を展開しはじめても、誰も振り向きはしない。

しかし、周囲のすべてのメディアが同一の論調で語り始めた時、まずは敏感なオピニオンリーダーたちが、メディアの語る内容を「事実ありのまま」と認識し始める。そして彼らを媒介として、「事実ありのまま」を知ったフォロワーとしての大部分の相手国国民たちが、それを確認しようと主要なメディアへとアクセスする。すると、そこでも確かに、同一のメッセージをニュースキャスターたちが繰り返しているのだ。この瞬間、ターゲットである国の国民の「世論」は確定する。

そうである以上、日本の外務省が外交を展開するにあたっては、この意味でのメディア・アプローチを行ない、たとえ莫大な血税の負担になるとしても、相手国のメディアへ網羅的かつ長期的なアプローチをすべきなのだ。

日本国憲法は、明らかに「外国メディアに対して資金を供与すること」を禁止していない。しかも、そもそも外国メディアの本拠地での活動ともなれば、日本国の領域外の話である。相手国の法令に反しない限り、そうした資金供与にもとづく協力関係の構築には何らやましいことはない。それに仮に相手国の法令との関係でグレーであっても、それこそ、このやり方をもって当該法令を変えてしまえばよいのだ。

ところが、実際に外務省がやっていることといえばあまりにお粗末だ。例えばメディア好きな総理大臣が外国訪問することになったとする。すると来訪される国に駐在している大使館関係者は大慌てだ。なぜなら「総理のために、相手国の有力紙の重要紙面へ掲載されることを前提に、インタビューをアレンジせよ」という指令が飛ぶからだ。だが、そんなことをいっても、普段から付き合いがない中で、虫のよい相談を受けてくれる「現地プレス」がいるわけがない。

結局は、なけなしの予算をつかって小さな紙面を事実上買い取るか、あるいはほとんど気付かれないような紙面の隅にインタビューが掲載されて騒ぎは終わる。あれほど大騒ぎをしたのにこれ程度かと言ってはいけない。現地大使館担当官からすれば、無から有を生み出す大仕事だったのであるから。

しかし、こうしたあり合わせの「広報活動」ではない、もっと根底的なものとして、「メディア・アプローチ」がいま、必要なのだ。それはまさに、「民主主義」という近代社会に固有な政治システムを逆向きに使った、必要不可欠な外交戦術なのである。

別名「パブリック・ディプロマシー」とも呼ばれるこのメディア・アプローチの海外における展開については、その当事者に語ってもらうのが説得力があるだろう。その第一人者であるジム・ハーフ（グローバル・コミュニケーターズCEO）は日本のメディアによるインタビューに答えて、次のように述べている。

「テレビ、新聞、雑誌と、大量のメディアが氾濫する現代においては、あらゆる話題をすぐさま世界中に伝えることが可能となる。ただし、そのことは同時にPR競争の激しさも意味する。こちらに不都合な情報が、より大量かつ即時に流布される可能性もある。

2004年3月、ブッシュ大統領の対イラク開戦演説に見入る人たち（写真提供：毎日新聞社）

そこで、私たちは、顧客《クライアント》の要望を受け、彼らが流したいメッセージについて、しっかりとしたシナリオを作り、目標《ターゲット》とするメディア、政治家、政府高官らに、効果的に情報を渡していくことになる。そのためには、事前に周到なマーケティング調査を行い、目標についてしっかりと把握しておく必要がある。（中略）

政治家やそのスタッフ、政府高官、メディアの責任者や著名なジャーナリスト、有力なNGO（非政府組織）や圧力団体の幹部……世論形成に大きな影響力をもつ、これらのキーパーソンを何人おさえ、こちら側の利益に合致した情報を送り込めるかが、PR企業の〝腕の見せどころ〟となる。彼らのリストはつねに更新しておかなければならないし、顧客《クライアント》の目的やメッセージの種類によって、使うべき〝ツール〟も変えていく必要がある。そこにこの仕事の難しさと面白さがある。」（『戦争広告代理店』の凄腕ＰＲマン　アメリカの対イスラムＰＲ作戦は失敗した」、「月刊現代」二〇〇四年五月号所収）

だが、このように考えてきた時、私は背筋が寒くなるのを禁じ得ない。なぜなら、これまでメディア・アプローチとしてあくまでも日本が「攻め手」の立場から述べてきたが、逆に見てみるとどうだろう。

つまり、ほかならぬ日本のメディアは大丈夫なのか。日本ではつい最近、「劇場政治」への傾きが指摘され、メディア主導型の政治が云々されたが、かつてに比べればその危惧は小さくはなっている。しかし、それによって、現代民主主義システムと「メディア」をめぐる、見えない「世論」を媒介とした不即不離の関係を無視はできないだろう。

例えば、私が北東アジア課にいる間に生じた騒動の一つに、韓国に在住する脱北者が日本のメディアに売った「日本人拉致被害者を写したもの」と称する写真が偽物であることが判明し、二〇〇四年十二月十九日、この大手メディア（ＴＢＳ）が陳謝するという一幕があった。

この時、写真を提供した脱北者Ａは、さらに別の脱北者Ｂ（金正日国防委員会委員長の側近であったと言われる人物）からそれまで同様に日本のメディアに提供した写真で、いわゆる「特定失踪者」と日本の民間団体が認定していた人物と同一人物が撮影されているとされた写真（藤田進氏、加瀬テル子さん）を入手したとしている。

問題は、後者（脱北者B）がすでに「第三国」に出国しているらしいということなのだ。私はある確たる筋から、脱北者Aは第三国の情報工作機関の手引きによって脱北し、すでに当該第三国人としてのパスポートを与えられていると聞いている。そうであるならばBはなぜ、自由意思でAを経由して、あえて日本のメディアにそういった写真を次々に渡したのか。そこには、何らかの混乱を日本国内で起こそうとしている第三国の影が見え隠れする。しかし、日本政府部内でこの真相に気付き、それを検証できるものは誰もいない。

また仮に、ある特定国があるイシューについて「パブリック・ディプロマシー」を日本で展開することに、日本政府があらかじめ気付いたとする。ところがこの場合、日本国憲法第二十一条二項に燦然と輝く「検閲禁止規定」のため、表立っては野放しにせざるを得ないのだ。戦前の経験にもとづき、日本の「世論」は、「表現の自由」への侵害行為に時に神経質なほど敏感だ。外交当局であれ、日本政府としては打つ手を実際上、ほとんど持っていないといってよい。

＊二〇〇五年に入り、急に日本の世論で論議を巻き起こしている、堀江貴文社長率いるライブドアによるニッポン放送、さらにはフジテレビの買収計画劇も、「買収資金を提供した外資系企業はどこか」、さらには「当該外資系企業が母国政府と人脈上いかなるつながりを持つか」を見ると、にわかにパブリック・ディプロマシーの前哨戦としての意味合いが出てくる。

もっとも、こういったからといって、復古主義者のように私がかつての内務省による検閲（内閲）の再開を望んでいるわけでは決してない。逆に私は、そのことはある意味での発想の転換が私たち自身に必要となっている、よい証左ではないかと思うのだ。

パブリック・ディプロマシー、あるいは私のいう「メディア・アプローチ」をめぐっては自由競争が基本である。そして相手から攻め込まれ、何かを奪われたとしよう。そうであれば、逆に相手を圧倒する力をもって、相手国の「世論」を媒介として奪い返せばよいのだ。

特に日本では現実問題として、表現の自由をめぐる戦前の忌まわしい記憶を消すことはできない。そうである以上、国内で他者の浸透を防ぐべく「検閲」モドキを志向していたずらに摩擦を高めるのではなく、「取られたら取り返す」を基本として臨めばよいのではなかろうか。

もっともこのことは、日本のすべてのメディアが、潜在的には他の国の外交当局による「メディア・アプローチ」の対象とされていることを忘れてよいということではない。逆に、これに立ち向かう日本国外務省としては、日本に所在するすべてのメディアを絶えずウォッチし、オピニオン・リーダーたちへの伝播力も含めて把握しておくべきだ。

このような意義付けをもって初めて、外務省の中堅以上の幹部が夜な夜なメディア関係者と接触することの意味が出てくるのだ。アルコールを交えたことで、ほんのひとことだけでも「コード」を踏み外した相手の発言の真意を正確に記憶し、個人ではなく外務省という組織として集積し、分析することが必要となる。

さらにいうと、国内において、他国のメディア力にもとづく展開に対抗手段がないわけではないのだと私は思っている。そのヒントは案外、非常に原始的なところにあるのではなかろうか。四十五歳で香港にて客死した梶山季之という稀代の小説家がいる。彼の代表作の一つである『赤いダイヤ』の中に、天才相場師・森玄一郎と「宝井物産」穀物部長・佐藤英介が交わすこんな言葉がある。二人は「赤いダイヤ」すなわち小豆相場をめぐって共謀し、巨額の富を得ようとしていたが、そのことを新聞記者・小野に悟られかけた時のシーンだ。


「『……とにかく、その新聞記者に、口止めさせとかにゃ困るぞ！　九月までは、貴様の買いの黒幕が、宝井物産のこの佐藤だということを、だれにも知られたくない！』

佐藤英介は、目を閉じたまま、鼻のホクロをなで回している森玄一郎に、低い声でいった。いつになく真剣な声音だった。

『わかっちょる。しかし、人間に口止めするには、三つしか方法はないで。一つは金で買収する。一つは、相手の弱みを捜して脅かす……』

『残りの一つは？』

『義理と人情でからむのよ。……つまり、なにもかも、こちらのすべてをさらけ出してしもうて、ほいじゃけん、黙っといてつかあさいと、頼むんよ……』

『なるほど。その最後の方法をとるより、仕方がなさそうだなあ……』」

（梶山季之『赤いダイヤ』集英社）

一見したところ、「秘密」を守るという受け身の姿勢での発言のように見えるが、私にはこの台詞が「メディア・アプローチ」のもう一つの本質をついているように思えてならない。つまり、他の国から自国のメディアへ目に見えない形で影響力が及ぶのを防ぐには、同じように目に見えない「共感」を同国人同士で抱くことで戦うしかないと思うのだ。

なぜなら、森玄一郎がいう第一の方法、つまり金銭を積み上げる方法ではおのずから限界がある。事が事だけに、あからさまな積み上げ競争は避けたいところだ。

第二の方法、つまり圧力をかけるという方法については、これまで述べてきたとおり、「官憲による言論統制」をトラウマとしている日本のメディアでは御法度だろう。それに憲法で規定されている以上、検閲は絶対に許されない。

そうであれば、もう残りの第三の方法しかないと思うのだ。政府と民間、あるいは外交当局とジャーナリストと、立場は互いに違っても、やはり日本人は日本人なのだ。「このうまい寿司が食べられなくなってもいいのですか」という問いに始まり、「私たちの親がつくってきた社会システムがいつの間にか壊されて、英語のシステムこそが正しいなんておかしくないですか」という問いまで、日本人であれば誰しもが耐え難い質問はいくらでもある。

誰しも日本人であれば漠然と感じている「日本はいいよね」という感覚。論理や狂信ではなく、素朴に沸き立つそうした感覚や感情を、素直に日本人の幸福へとつなげていくことができれば、もはやそこに他国のパブリック・ディプロマシーが入り込む隙はない。

もちろん、ある種の「愛国主義的」な見解を述べる者たちは、あえて日本の「世論」の中で混乱を演出させるため、本当の改革を望む勢力への対抗勢力として外国当局によってセットされたものなのかもしれない。メディア力、あるいはパブリック・ディプロマシーでは、ターゲット国の世論を不安定化させるのも大きな戦術だからだ。日本人としての素朴な「共通感覚」を外国からの「メディア・アプローチ」に対峙するものとして利用するには、この点につき細心の注意を要する。

しかし、外務省あるいは広く日本政府の外交当局者として、本当に日本の「公なるもの」の明日を思い、それが自由競争下での日本人の幸福の増大のための具体的な戦略としての外交政策へとつながるのなら、これまで述べてきた「メディア・アプローチ」の有効性そのものに反論することは心情として難しいだろう。なぜなら、このように日本の「公なるもの」とその延長線上に幸福を描く議論に共感する気持ちは、大方の日本人を大同団結させるものであり、この気持ちが後押ししてくれるからこそ、日本外務省の仕事が成り立つからだ。

外交はひとり政府が行なうものでもなく、外務省がすべてを担えるものではないことを率直に吐露した上で、オールジャパンで国際場裏において「国富を取りにいく」ことの重要性を説くこと。――この率直さと、高潔さが外務省に働く人々に備わった時、「日本のために」を合い言葉に寄り集う人々の団結は、もはや他国からのメディア・アプローチへの免疫を十分兼ね備えたものとなる。

このことはもちろん、メディアと政府との間との「馴れ合い関係」を助長せよといっているわけではない。説明責任（アカウンタビリティー）を媒介とした、両者、そしてメディアの背後にいる主権者としての国民との緊張関係は常に意識されるべきではある。

しかし、日本のメディアを獲物として、そうした建前上、あるいは奇麗事によって装飾された内向きの論理の背後で、他国のメディア・アプローチが蠢いてはいないだろうか。そのことを絶えず意識し続けることも、本当の日本外交に求められるメディア・アプローチが持つべきもう一つの側面なのである。

「情報（インテリジェンス）力」によって事実を認識し、「政経合体戦略」によってターゲットの選定とそれを獲得するまでのシナリオを描く。そして狙いを定めた先に、まずは圧倒的な「メディア・アプローチ」をもって「世論」を形成させていく。――こうした流れの先には、より具体的にターゲットとなった国で、「政経合体戦略」にもとづくシナリオを地上レベルで展開できる能力が必要となってくる。

第四章　密使が動く時

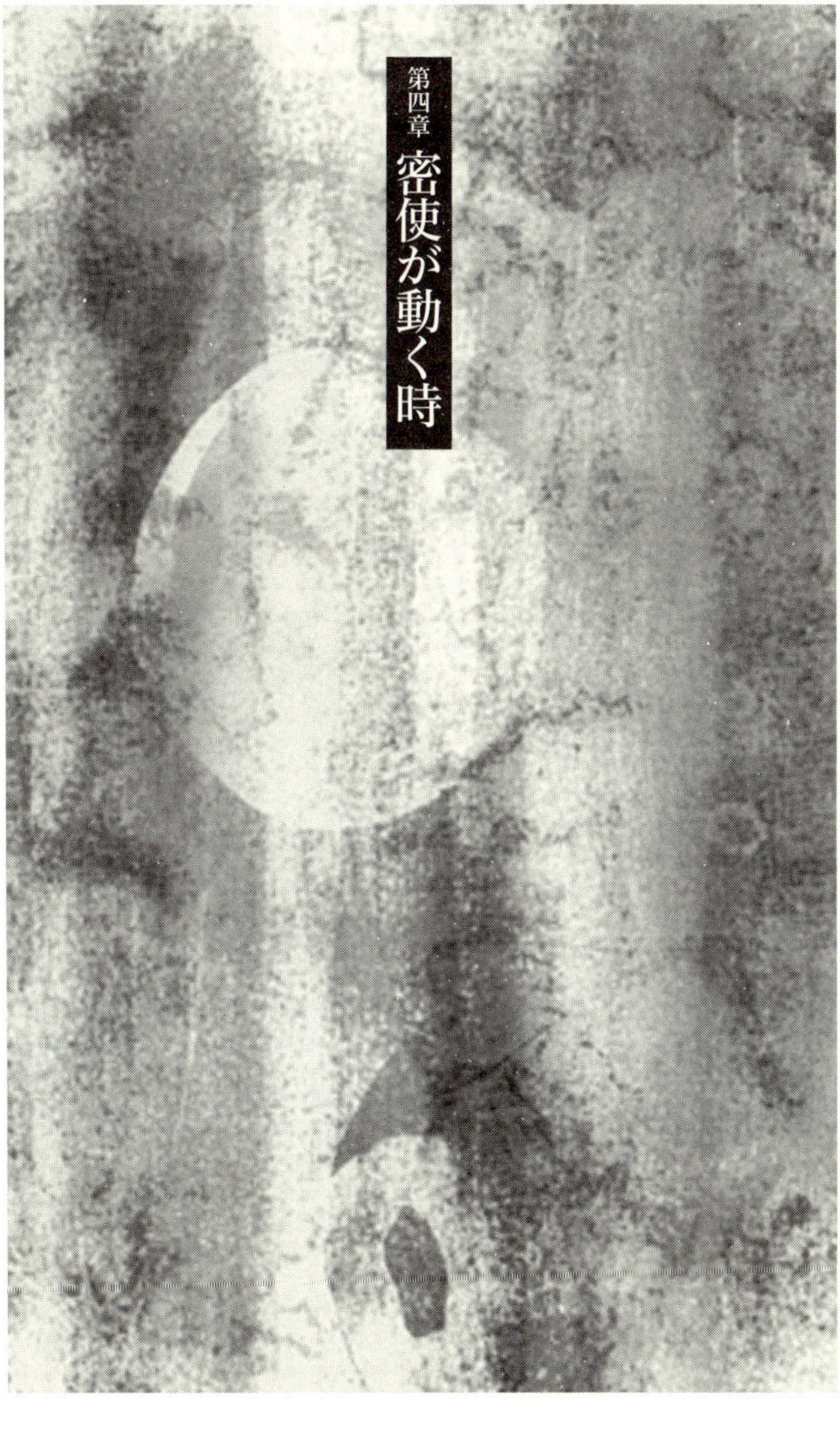

相手の喉元をつかめない苦しみ

この本は基本的に組織としての今の外務省の在り方に「ダメ出し」をするものだが、だからといって私は、日本の外交官の全員がまともではないと言うつもりもない。中には、「この人はすごい！」と、省の内外を問わず評判の同僚たちがいることも確かだ。

外務省員だった私にとって、そんな憧れの一人が北京にいたKさんだった。二〇〇四年五月に再び電撃的に行なわれた小泉総理訪朝の際、日朝首脳会談にも同席した外務省きってのエリート若手外交官だ。

Kさんは、私のように週刊誌に出てみたり、学術論文を出してみたり、講演会に顔を出したりするお調子者とは違い、正真正銘、黒子として陰で日本外交を支えている人物である。あからさまにメディアで報じられることはないものの、省の内外で実直な外交官として評判が高い。

そんな憧れの外交官Kさんと、北京で親しく語り合う機会があった。北朝鮮側との激しい交渉が終わり、すべての作業を終え、幹部たちもようやく寝静まった時のことだ。大使館から宿舎である日系のホテルまでの深夜の帰路を、心優しいKさんは危ないだろうからと付き合ってくれた。

その時、私は前々から思っていたことをようやく切り出すチャンスが来たと直感した。夏の終わりを告げる夜の帳《とばり》の涼しさを頬に感じながら、社会主義国に特有の橙《だいだい》色の街路灯の下、私はこう切り出した。

「Kさん、今の日朝関係についてどう思いますか。」

それから私は堰を切ったように話しはじめた。外務省には情報がないこと。外務省には構想する能力がないこと。そして、外務省にはメディアと相互協力関係に入る発想がないこと。——この本でこれまで書いてきた私の思いのたけをぶちまけた。

甘いマスクで有名なKさんは、真摯な眼差しで私の話にひと通り耳を傾けてくれた。そして、ふっと呟くように言った。

「北京にいると、あまりの不甲斐なさに時々嫌になるんですよ。」

外務省員同士、ましてや東京と北京で一つの仕事の裏表にいる関係同士とはいえ、それ以上、互いの会話の中で具体的な言葉を遣うのは危険だ。たとえ相互の信頼関係があったとしても、その話を聞いた第三者が意図的に歪曲した引用をする危険もある。省内だから仲間であり、一つのチームなのだからと思うのだが、それが外務省の悲しい現実でもある。

だが、この時、私はあまりにも直感的に、Kさんが本当に言いたかったことが分かった。それはきっと、日々、北京という日朝交渉の最前線で、「防人《さきもり》」として精勤しているKさんだからこそ語れたであろう現実なのだ。

それでは、その嘆かざるを得ない「現実」とは何なのか。

世界にも例がないほど外側に閉じられた北朝鮮という国であっても、二つだけ外気を吸う口がある。つまり、その二ヶ所を通じてだけ、金正日の配下たちは、私たちに日常的に顔を見せ、指導者の言葉を伝えてくるのだ。それが、いわゆる「北京ルート」と「ニューヨーク（NY）ルート」である。これら二つの場所には北朝鮮の「外交官」たちが常駐しているのみならず、彼らはたとえ「敵国」の外交官であっても恒常的に接触することを任務としている。

北京は北朝鮮にとって伝統的な「盟邦関係」にある中華人民共和国（中国）の首都であり、そこには巨大な北朝鮮「大使館」も存在する。当然のことながら、日本も外交関係を持つ中国の首都・北京に大規模な大使館を有している。これまで日朝間では、公式なメッセージの伝達ルートとして、この二つの大使館同士の連絡ルート（通称「北京ルート」）を用いてきた。

これに対し、「NYルート」は文字どおり米国・ニューヨークにある。いまだに停戦協定しか締結されず、いつでも戦争状態に戻ることのできるのが米朝関係であり、当然、両者の間に外交関係はない。しかし北朝鮮は一九七〇年代前半に、国際連合に大韓民国（韓国）とともに同時加盟して以来、ニューヨークにある国際連合に対する常設代表部をそこに設置している。そしてこの北朝鮮国連代表部の幹部外交官たちが窓口となり、もう一つのルートである「NYルート」が北朝鮮とそれ以外の国との間の接触窓口として開かれているのである。とりわけ、NYにある北朝鮮の「国連代表部」には、北朝鮮外務省の中でも英語が達者な「北米派閥」の人材が多く配置されている。彼らの多くが、私たちが想像しているような「北朝鮮人」らしからぬスマートで、時にユーモアあふれる立ち居振舞いすらできるエリート外交官たちだ。

この「NYルート」を通じ、互いに「ならず者国家」、「敵視政策を共和国（＝北朝鮮）に向ける敵対国家」と罵り合う米朝は恒常的に接触しているというのだから驚きだ。しかも、米朝双方が表向きは対決姿勢を崩さないため、両者はどのくらいの頻度で接触しているのか、また何を話しているのか、いっさい謎に包まれているのが実態だ。

最近では例えば、米国が二〇〇〇年より北朝鮮に供与してきた食糧支援について、米朝間でNYを舞台として接触が行なわれたことが判明している。この点について、米国務省は定例記者会見で次のように説明した。


「我々は時々、ニューヨークで北朝鮮と接触している。最近では月曜日に接触した。これは、定期的な実務レベルでの接触であり、主要な題材は食糧支援のモニタリングである。ワシントンの米国務省朝鮮担当部から誰かがこの接触に赴いたはずである。

このチャネルは時々、どちらかが何かを取り上げたいと考える時に便利である。……（中略）……この接触は我々がメッセージを伝える方法の一つである。」（二〇〇四年十月二十一日、定例記者会見におけるバウチャー米国務省報道官発言）

このように、米側があくまでも北朝鮮とのNYにおける接触を、「実務的」だからと、あたかもその意味合いを薄めようと努力するかのような発言をするのには訳がある。外交官であれば、こうした意図的な形容詞にはつい意味を読みとろうとしてしまうものだ。

というのも、ブッシュ大統領率いる共和党政権は、伝統的に北朝鮮との間で直接対話は行なわないという方針を堅持してきているからだ。「ならず者とは交渉はしないし、見返りも与えない」という強いメッセージを当初からブッシュ政権は出してきており、北朝鮮と同じテーブルにつくことすら、この自らに課したルールに反してしまう危険性がある。

こうした共和党政権の教条的ともいえる方針の背景には、より大きなスパンで米朝関係を見ると、確かに理由がないわけではない。なぜなら、かつて米国はクリントン大統領率いる民主党政権の下で、北朝鮮側にNYにおける交渉へとおびき出され、その結果、手痛い目にあった苦い経験があるからだ。

一九九〇年代の初頭に端を発した、北朝鮮による核開発疑惑をめぐる米朝の対立のなかで、事態を打開するため、クリントン政権は九二年一月二十一日、それまでの方針を大転換した。この時、簡単な伝言だけをやり取りするだけで、重大な交渉はしないという意味で「実務的」な範囲に抑えられていた「NYルート」を用いて、カンター米国務次官（当時）が北朝鮮代表団との交渉に応じたのだ。

確かに事態は、表面的に見る限り、この後好転し、紆余曲折を経つつも「米朝枠組合意」（一九九四年）による妥結へと流れていく。しかし第三章で述べたとおり、二〇〇二年に今度は、この合意に至る交渉過程で一度も問題にはならなかったウラン濃縮計画をめぐって核疑惑が激しく再燃する。――「いったい、あのNYでの交渉は何だったのか。」そう米側が思ったとしても不思議ではないだろう。

政権交代の後、あたかも中国の歴代王朝が前王朝の問題点を指摘し、自らの支配の正統性を確立するために史書を編んだように、ブッシュ共和党政権はクリントン民主党政権の対北朝鮮政策を厳しく精査した。その中で、「やはり北朝鮮とはサシで話すのは危険だ」と共和党新政権が判断したことは当然の成り行きだった。

おそらく、米朝接触をめぐる「公式な外交史」はここで記述を終えるに違いない。――「前政権の二度轍を踏まないためにも、ブッシュ政権は『NYルート』での直接対話をするはずもなく、単純なメッセージを交わす『接触』以上に実際行なわなかった」と。

だが、いっぱしの外交官であれば、ここで疑ってみなければならない。もちろん、記者団がするようにあからさまに照会してみたところで、実態が分かるはずもない。その一方で、公開情報はインテリジェンスにとって貴重な意味合いを持っているが、次のような報道に触れると、やはり米朝は「NYルート」で何かをやっているのではないかという疑念がますます高まるのだ。

二〇〇四年四月五日付共同通信

「北朝鮮の核問題をめぐり、米国務省のデトラニ朝鮮半島和平担当特使と北朝鮮の朴吉淵《パク・キルヨン》国連代表部大使が三月中旬、ニューヨークで非公式に接触していたことが五日までに分かった。複数の米朝関係筋が明らかにした。二月下旬の第二回六カ国協議後では初めての二国間接触と見られる。」

実際、私個人は外交官として、こうした報道と、繰り返し米政府側からなされる「実務的接触に限定される」という公式見解との狭間で、最後まで疑問を拭いさることができなかった。「米朝は確かに喧嘩をしているように見せかけている。しかし、本当は裏で手を握っている瞬間もあるのではないか」と。

しかし率直にいって、悲しいかな日本国外務省には、これを確認する手段がないのだ。そのことは、「情報（インテリジェンス）」に関する能力、すなわち「情報力」の問題そのものとも言える。

こうした厳しい現実の理由を、最前線の外交実務を知らない一部の「外交評論家」諸兄姉のように、どこか海の向こうの国の「陰謀」説に求めてしまうのは簡単だ。なぜなら、「陰謀」は最後まで「陰謀」である以上、実態は分からず、最後は体よく沙汰止みになるからだ。

しかし「本当に問題を解決したいのであれば、まず我が身を振り返るべし」だ。外務省を本当に立て直したいのであれば、このことが基本となるように私は思う。そして、この「NYルート」の問題についても、私は同様にまず、日本外務省は自らの思考と行動を再点検すべき時が来ているのだと思う。「NYルート」では物事は所詮動かない、あるいは「NYルート」は過去の反省にもとづけば意味がない、だからフォローする必要がない。そんな理由なき偏見に囚われてはいないだろうか。

実際、私は先ほど述べたような「重大な疑念」を抱いていたため、そんな醒めた目で在外公館からの報告を見ていた。しかしNYから、これに関する現地情報がついぞ届くことはなかった。

2003年6月、北京で開かれ、戦後の中国外交初の晴れ舞台となった六者会合（写真提供：毎日新聞社）

ニューヨークはいわずと知れた、世界の金融・証券の中心地だ。「明日の世界」へのポジ・ネガ両方の期待値を正確に計算して多額の投資を行なう者たちが寄り集うこの街には、北東アジア地域の投資環境を決定的に左右する北朝鮮の動向をめぐる情報も日々流れている。しかし、どうやら彼の地に暮らす我が同僚たちは、ほんの一部の例外を除けば、そんなことには全く関心がないようだった。「情報（インテリジェンス）力」、「政経合体戦略」、そして「メディア・アプローチ」の決定的な欠如という現実が、「NYルート」についてもはっきりと見えてくる。

話を我が憧れの外交官、北京のKさんの呟きに戻そう。

これまで述べてきたとおりの「お寒い状況」にある「NYルート」に比べれば、「北京ルート」をめぐる陣容は比べものにならない。実際、現場で最前線に立つKさんの先輩、そしてそのまた先輩たちには、外務省でも屈指の朝鮮語使いの外交官たちが居並ぶ。私自身もとかく批判的に見てしまいがちの外務省ではあるが、この「北京ルート」にだけは世界でも屈指の人材が配置されてきており、誇るべき体制が常に整えられてきたのも事実だ。

ところが、その栄誉ある立場にいるKさんが、ふと聞き流せないような呟きをもらすのだ。いつものように多くを語らない誠実なKさんの言葉に、万感の思いが込められているのを私は感じないわけにいかなかった。

あらかじめお断わりしておくが、これから述べることはKさんがその場で語ったことではない。私の全くの推測に過ぎない。しかし、深夜の北京の街で、夜の帳の中、その推測があまりにも瞬時に直感できたものだということも言っておきたい。なぜなら、私自身、全く同様の感想を東京の北朝鮮デスクで持っていたからだ。

それはこういうことだ。――「今の日本国外務省は、日朝外交のなかで、単なる郵便屋になっているんじゃないか。」

外務省はさまざまな規制権限を持つ他省庁とは異なり、これといった権限を法令上持っていない(外務省設置法)。あるとしても、国際交渉にあたって陣頭指揮をとるということと、国際約束の解釈権限くらいのものだ。

だからこそ外務省に入省した若い省員たちは、古株たちから、「他省庁と話す時には付加価値を付けて話せ」と叩き込まれるのだ。外務省には権限がないため、複数の省庁にまたがる懸案事項について国内調整をし、相手国に対し日本としての意見を伝える時、どうしてもA省が行なったことを外国、あるいは他のB省にそのまま伝達するという郵便屋になってしまうことが多い。しかし、それではナメられてしまうから、何としてでも知恵を出せというわけだ。

日朝外交についても全く同じことが言える。交渉がうまく行かないからといって投げてしまうのではなく、何としてでも知恵を出して物事を進めていく。あるいは、そうした外務省の取り組みを阻むものがあれば、あらゆる手段をもって論戦を挑み、正しいものをもって交渉相手に臨むべきだ。この原則が守られてこそ、外交官たちのモラールは維持される。

ところが、ある時から日朝関係においては、明らかに日本人外交官たちのそんな気概を明らかに無視するかのような出来事が連続して生じてきた。まるで不死身の「鵺《ぬえ》」のようなものが、外務省を覆い尽くしている。

外務省も組織である以上、すべてがデスクからの積み上げによって裁かれないことは確かである。時に中堅、あるいは幹部クラスからのトップダウンで物事が決まっていく。それ自身は何も悪いことではなく、かえって意思決定の時間短縮のために好ましいことですらある。

ましてや日本国憲法にも、外交は行政権を司る内閣に属することが明記されている（憲法第七十三条）。内閣を仕切る総理大臣からの直接の指示があれば、これを忠実に執行していくのが外務大臣の下にある外務省の職務だ。その意味で日朝外交についても、担当部局、担当官に対して組織の中で上に位置するものから、指示が「降ってくる」としても不思議ではない。

　しかし問題は、外務省の上層部でも総理官邸でもない「それ以外の場所」から、鵺のように「降ってくる」場合なのだ。大体、そうした「鵺」から何かが降ってきそうな気配がある時には、幹部たちの動きと表情を見ていれば分かる。なぜなら、幹部である彼らにとっても、全く寝耳に水ということが多々あるように思えるからだ。幹部は、ある日突然、思いも寄らない相手から永田町へ呼ばれ、駆けつける。そして、渋い顔をして外務省へと戻ってきては、私たちを怒鳴りつけるのだ。「こうなったと官邸がいうからには、こうするんだ。早く作業しろ！」

　では、そうやって外務省を覆う「鵺」とは、いったいどこの誰なのか。ある時から私は目覚め、その影を密かに追うようになった。「鵺」の方からすれば、外務省の一課長補佐がそんなことに関心を持っているなど、思いも寄らなかったことだろう。

　もちろん、「鵺」の闇は巧妙であり、すべてを把握することは困難だ。正直にいって「鵺」自身も、自分が何を求め、何に向かっているのかは分からないのではないかと思うことすらあった。その「鵺」の片鱗を知っている（あるいは担っていた）人物の言葉に、次のようなものがある。

「私は、やはり、これは扉を叩いた我々がやらねばならない問題なのだ、とあらためて腹を括った。我々が再び猪突猛進して、何か結果が出たら、それを政府間交渉のテーブルに載せればいいのである。

それを『二元外交だ』と批判する人たちもいるが、外務省は何もしていない、またはできないのだから、『二元』という表現はおかしい。

また、仮に外務省が無能なりに何かをしているとしても、外交というのは基本的に『何でもアリ』、結果として、日本及び日本国民の利益に沿《そ》えばいいのである。（中略）

特権意識丸出しで、外交は外務省だけでやる、と力み返り、その実、現場はノンキャリアに任せっぱなしで、やれチャイナ・スクールだ、アメリカン・スクールだなどと省内権力抗争にうつつを抜かしているから、何の進展も得られないのである。

悲しいことに、こうしたわが外務省の無能は、北朝鮮側にまで読み切られてしまった。普通は交渉相手が無能だと楽になるので、彼らにとっては結構なことのハズなのだが、あまりに無能だと話にならなくなってしまう。（中略）

やはり外務省の役人ではダメか……。そう考えた私は、かねてから念頭にあった、北朝鮮高官と対等にわたり合えるであろう〝ある男〟を引っ張り出す決心をした。」（若宮清『真相　北朝鮮拉致被害者の子供たちはいかにして日本に帰還したか』飛鳥新社）

こうした悲壮な決意をしたというこの本の著者若宮清氏は、「北朝鮮と対等にわたり合える男」

として、有名政治家へのアプローチを開始したという。今となっては、書籍として公刊されている「事実」であるので知らない者はいない。しかし当時、北朝鮮デスクにいた私たちが、このような「事実」をあらかじめ知らなかったことは言うまでもない。

その後の顚末は、読者の方々も御存知のとおりだ。有名政治家たちが水面下でうごめく中、巨大な「鵺」に覆われながら、日本の対北朝鮮外交はその後も迷走し続けることになる。

ただ、私がここで思うのは、私の古巣・外務省をここまで感情的に批判する若宮清氏に対して、基本的な発想の違いはあるにせよ、その発言に肯ける部分がないわけではないということだ。それは、「結果が出れば何でもアリ」という冷厳な現実主義と、そのために「鵺」が使った手段についてだ。

「政経合体戦略」を第二章で説明する中で触れたことだが、外交とは一に目標があり、二にそのための手段を「総動員」する作業の連続だ。しかし、日本外交の現実はどうか。――一に目標が明確ではなく、二に「思考の壁」に囲まれて、もっとも安逸な手段だけをいつも選択してはいないだろうか。

そう思う時、日朝関係をめぐる「鵺」が使ってきた手段には、率直にいって舌をまかざるを得ない。だが、さすがの「鵺」であっても、元来はステルス（透明）に、隠密に使ってきたはずの「手段」だとはいえ、ちょっとしたミスでその影を外に映し出してしまうことがある。

「国番号850、市外局番2。その若い女性が度々かける電話は、海を越え、ある人物をコールする。

受話器を取るのは、平壌の宋日昊《ソンイルホ》・外務省副局長。横田めぐみさんら安否不明者について、日本の外務省と駆け引きを続ける日朝実務者協議の担当者だ。

電話口で女性は告げた。

『今回の内閣改造は、(北朝鮮には)いい状況、いい雰囲気になっています』

また、ある時は日朝実務者協議について、拉致議連や『家族会』の反応を報告。世論の動向を伝える時もあれば、議員の名前を挙げ、宋日昊に不可解な要求をしたことさえあった。

各公安機関が注視する弱冠二十九歳のこの女性が取る行為は、日朝交渉の障害となっている。

(後略)」(「週刊文春」二〇〇四年十月二十八日号)

記事はさらに、ジャーナリストであるこの女性Aが、先ほどの有名政治家が大連で行なったといわれる北朝鮮側との会談においても同席したことなどを伝える。いったい、彼女はどんな資格があって、日本の対北朝鮮外交を決定づけたかもしれないこの協議に参加したのか。——批判に満ちた口調で記事は続き、協議の最中に現地公安による盗聴すら気にせずに、その内容を日本への国際電話で報告していた「事実」などが次々に述べられていく。

外務省で北朝鮮デスクに座り、「鵺」に日夜脅えていただけの私は、Aとはどんな人物であるのか、この場で確認することはもちろんできない。だが、日朝交渉の陰の演出者を自任する若宮清氏も、実はこのA女史の存在については「確認」している。

「A女史（本文中では実名付――引用者注）は、前日、吉田氏と大連入りして会談場所となった大連のホテルの部屋を、自分の名で予約していたとか。

前回、北京の京倫飯店を本名で予約した失敗に鑑み、有名ではないA女史が予約したのだろうが、現地にマスコミが付いてきてしまっては何の意味もない。」（若宮清、前掲書）

こうした公開情報や関係者の「証言」が真実であるとするならば、A女史は外交を司る外務省が全くうかがい知らないところで北朝鮮と直接接触し、またはそのための便宜をはかっていたということになる。しかし日本国を代表し、外国政府と交渉し、あるいは交渉するための代表者へ便宜をはかるのは、ほかならぬ日本人外交官の仕事なのではなかろうか。一民間人に過ぎないA女史は、いかなる意味においても、日本を代表して北朝鮮と交渉する権限を持たないことは言うまでもない。

しかも、事態をさらに複雑にするのは、このA女史のように、日朝関係をめぐって人知れず「鵺」の一翼を担って「活躍」している人物は、どうやら一人ではなさそうだということである。同じように「鵺」の片鱗は、これらの人物についても時折、気まぐれに闇の中から姿をのぞかせる。そして、私が聞き及ぶ限り、それらはいずれも若き女性たちだ。

これで読者の方々にも、敬愛する先輩外交官Kさんの嘆息の意味が私同様、推察できたのではないかと思う。そう、日本と北朝鮮との間の唯一の正式な接触窓口である「北京ルート」は、いかなる権限も持たずに北朝鮮と交渉を続ける民間人たちの暗躍の一方で、彼ら・彼女らが北朝鮮側と事実上「詰めて」来た内容を押し付けられた日本国外務省が、後追いで同じ内容を北朝鮮側に「公式」に通報するという「郵便屋」に過ぎなくなってしまっているのだ。いま、外務省で数少ない優秀な人材と意味あるルートが、歴史の中に埋もれようとしている。

「エージェント・アプローチ」とは何か

では、単なる郵便屋さんと揶揄されないために、これからの外務省には何が必要なのだろうか。最近の日朝外交をめぐる「事実」を知るにつれ、打ちひしがれつつも、あえてこう問いを立てた時、私はずばり「エージェント・アプローチこそ必要だ」と答えたい。それでは、この「エージェント・アプローチ」とは何なのか。

「エージェント・アプローチ」とは、これまで述べてきた「情報（インテリジェンス）力」と「政経合体戦略」にもとづいた政策を、具体的に国際政治の場で展開することを指す。前章でも、「政経合体戦略」にもとづく外交を実現するための手段として、メディアとのあるべき能動的な関係（「メディア・アプローチ」）を紹介した。「エージェント・アプローチ」とはこの「メディア・アプローチ」をも含み込んだ、より大きな意味での外交戦略実現のための方法である。

このエージェント・アプローチにより、初めて日本外交は本当の意味で頭でっかちな状態を脱し、自己実現のための手足を持つことになる。もちろん、「情報力」にもとづく構想力がなければ、こうした手足はどちらに動けばよいのか分からず、意味はない。だが、手足のない頭もまた、同じくらいに無意味なものなのだ。

この「エージェント・アプローチ」を考える時、ポイントは三つある。

第一に、外交は最終的にトップダウンで行なわれることから、狙いを付けた相手国の「本当の意思決定権者」は誰なのかを見定めなければならないということだ。その上で、次に、この「意思決定権者」にアクセスできるのは誰かが問題となる。さらには、仮にこうやって「意思決定権者」へアクセスできる人物がいなかった場合、そうした人物をいかにして創りあげることができるかということが課題となる。

日本国憲法上も、外交は内閣の専権事項であると定められていることを紹介したが、これは何も日本に特有な憲法規定ではない。近代国家システムがヨーロッパで形成された頃より、戦争を開始し、あるいは対外的に国家を代表するのは国王の独占的な権力だけであった。その王権の忠実な僕であったのが行政府であり、やがて市民革命によって主人である王権がいなくなっても、外交は行政権（内閣）に属するとされるのが伝統となったのだ。

日本でいえば国会である「立法府」が理性にもとづく議論を旨とする場所だとすれば、「行政府」は決断にもとづくスピードが勝負となる世界だ。そのため、行政府には、その長である総理大臣（日本の場合）を頂点とした厳格なヒエラルキーと権限及び委任の連鎖が定められている。

そうである以上、情報力と構想力によって特定の国家に狙いを付けた場合、その国の外交を動かすには、外交を司る意思決定権者に着目しなければならない。なぜなら、そのポジションにいる彼・彼女だけが、外交について決定を下すことができるからだ。デスクのレベルから上げていっては迅速さにかける上に、トップから別の政策を押し付けられてはひとたまりもない。

もっとも、このように最高意思決定権者をまずは押さえろという発想が有効なのは、外交だけではないのかもしれない。特に議院内閣制、すなわち国民が選挙によって選んだ議員の中から、多数決で行政府の長が選ばれる制度をとっている場合、結局は多数派（与党）の長が立法府と行政府の双方を掌握することになる。その意味では、立法府が議論すべきすべての政策分野について、最終的には行政府の長（日本の場合には内閣総理大臣）を押さえておけば、彼・彼女への影響力を通じて、こちら側の「構想力」にもとづく戦略を展開することが可能となるのだ。議会内多数派＝与党が分裂しない限り、この戦術は有効である。

しかし問題は、表面的に法令上、最高位の権限を持っているからといって、その者が必ずしも最高意思決定権者とは限らないということだ。俗に「キング・メーカー」というが、例えば戦前日本における「元老」のように、内閣総理大臣を事実上決定する権限を持っている人物・集団がいた場合、法令上の権限には関わりなく、実態としての最高意思決定権者は、もはや行政府の長ではなくなってしまう。

あるいは、一部の歴代米国大統領をはじめとして、古今東西、あらゆる国家の行政府の長たちが、何らかの重大な決定に際し、全く権限のない第三者（極端な場合、「占い師」など）の助言にもとづいて決断を下していたことも事実である。ロシア皇帝ニコライ二世が頼りにしたという怪僧ラスプーチンの例が典型的である。

こうした場合、表面上の意思決定権者は、実際には当該第三者の言いなりであるので、そうであればこの国へ外交を展開すべき日本としては、この本当の意思決定権者へのアクセスを事実上優先させる必要がある。なぜなら、そうすることによって初めて、当該国の国家意思をこちらから左右し、日本としての外交戦略を展開することができるからだ。

それでは次に、こうした意思決定権者にアクセスすることができるのは誰なのだろうか。面と向かってアクセスを求めてもよいが、それでは仮にこちらの意向が当該国の国家政策と違うことが明らかである時、警戒心を煽ることになりかねない。それよりも必要なのは、あたかも「自分自身の自由意思」による決定であるかのようにして、相手国政府の意思決定権者に選択させることができる、自然な立場にいる者を探すことである。

人間が自由意思によって物事を決するということは、すなわち、その決断の向こう側において、自らの欲望が満たされることが見えていることを意味している。それでは、外交戦略を展開させるべき私たちが着目しなければならない「欲望」とは何なのだろうか。

このことを考える時、私の脳裏にまず思い浮かぶのが、かつて脱産業社会の到来にともなう価値構造の変化の側面に着目し、脱物質主義的な価値が生み出す政治変動を「静かな革命」と論じたR・イングルハートの議論だ（『静かなる革命』三宅一郎他訳　東洋経済新報社）。この議論は、一九六〇年代以降の先進諸国における政治心理を説くときになくてはならない「古典」ともいえる著作だ。

ここでイングルハートは、人間の基本的欲求として次の五項目を掲げる。

① 生理的欲求（生存欲求）
② 安全の欲求
③ 所属と愛情の欲求（帰属欲求）
④ 自己尊敬の欲求
⑤ 自己実現の欲求

その上でイングルハートは、③から⑤はより高次の欲求に根差した脱物質主義的価値とみなし、現代社会の特徴としてその推移に着目する。

なぜ私がこうした「教科書」的な議論をあえて引き合いに出すのかというと、今ここで問題としている意思決定権者にアクセスする者もまた、この③から⑤を満たす者だと思うからだ。一国の意思決定権者とは、例外なく激しい権力闘争を生き抜いてきた者であり、その意味であくなき権力欲の持ち主である。では、その権力欲の実態とは何かといえば、結局は「自分はどこの集団に属し」、「その中でどれだけ尊敬され」、「そうした立場をどれだけ望みどおりに確保できるか」という三つの命題をめぐる不断のサイクルなのだ。

もちろん、生存や安全の欲求も消えることはない。だが、最高位の意思決定を下せるということは、すでに自己の生存・安全は確保されていることが前提であろうし、逆にそれがなければ、当該者の決定は他者にとって従うべきものではないという意味で無意味かもしれないのだ。

このように考える時、ここでいう三つの欲望を満たしてくれるのが、端的にいえば、「異性」、「カネ」、そして「メディア」である。まず「異性」（同性愛者については別の「配慮」が必要となるが）とは、人間にとって最小の帰属集団＝男女関係が成立する前提条件である。どんなに天涯孤独を自称し、世間を突っ走ってきた者であっても、この最小の「共同体」に対する帰属欲求、あるいはそこから得られる安心感を否定することはできない。

同時に、「異性」は男女両者間で「共同体」としての関係性が維持される時、相互に何らかの意味での尊敬の念が必ず発生しているものだ。なぜなら、他者と比較して「この人だから選んだ」という神話にも似た感覚がなければ、関係性は維持されないからである。

もっとも、こうした「共同体」における他者からの尊敬をより広くとらえていった時、いちばん手っ取り早く私たち個人への「世間様」からの、尊敬の度合いを教えてくれるのがメディアではなかろうか。しかも民主主義の世界では、そうした「尊敬度」がそのまま「投票数」となって、意思決定権者としての立場の安定性にも連なってくる。時の為政者が「世論調査」の数字に一喜一憂することの理由はここにある。

したがって、こうした「世間」からの尊敬の度合いを維持するために、意思決定権者は何らかの手を打つ必要がある。では何をしたらよいのだろうか。その答えは、意思決定権者自らがすでに知っている。なぜなら共同体の中の他者もまた、意思決定権者同様に「尊敬」され、「自己実現したい」と考えているからだ。一般国民のこうした欲望を満たすための何らかの手助けを一国の意思決定権者ができれば、すぐさま意思決定権者への「世間」からの尊敬度は高まってくる。

だが問題は、「自己実現」といっても千差万別であり、率直にいって手助けが容易なものと、そうでないものがあるという点だ。したがって、ここで意思決定権者が「世間様」に対し渡すことができるものもまた、オールマイティに彼らの夢を実現できるものでなくてはならないことになる。世の中で常に交換可能であり、持っていればいるほど、自己実現への可能性が広がっていくものとは何か。――そう、それは「カネ」である。

これで、外交戦略を具体的に展開していくにあたって、なぜ「異性」「カネ」「メディア」に着目すべきかが明らかになったことであろう。つまり、これらはいずれも、意思決定権者の欲望を満たすために必要な、ヒト・モノ・仕組みであるからだ。そうである以上、逆に言えば意思決定権者は、これら三つには常にアクセスできる立場にある。そう、まさにこの三つの要素こそ、日本外交の「エージェント・アプローチ」を考える上で、コアになる要素なのだ。

もっとも、こんなことを言うと、私の古巣・外務省に精勤している先輩あるいは同僚たちにお叱りを受けてしまいそうだ。――「お前は、外交を色物にするのか。」「外交政策に情実は必要ない。あるのは、理性による真剣な議論だ。」

だが、本当にそうだろうか？　私の答えは断じて「否」だ。そのことは、奇しくも、これまで日本外交にとって忌むべき現象として紹介してきた日朝外交を覆う「鵺」のやり方に現われている。私は先ほど、日朝外交の「陰の演出者」を自任する若宮清氏に共鳴できる部分がないわけではないと書いた。そのことに、これは関係してくる。

例えば、これまでA女史については、神聖なる日本外交を汚す人物であるかのような取り上げられ方をされてきた。確かに、報じられていること、あるいは私が省内外において耳にした噂話の数々が「真実」であったとしたならば、そうした側面がないわけではないのかもしれない。だからこそ、「外交は結果次第であり、何でもアリだ」と豪語する若宮清氏も、最終的にはA女史を介在させる今のやり方とは距離を置いているのだろう。

私が言いたいのは、そのことの是非ではない。むしろ、本当にこうしたことがけしからんというのであれば、むしろそうやって食い込んできた「鵺」に対する牙として、私たちもイングルハート流の冷静な議論にもとづき、人間の根源的欲求にもとづいた手足を、今度は「日本外交」に授けるべきだと思うのだ。

いま一度、A女史あるいはその周辺に徘徊していると言われる同種の群像を振り返り、「鵺」が展開している一つのモデルを想定するたびに、私はいつも思うことがある。「敵ながらあっぱれ」と。

なぜなら、このモデルの主人公が、例えば女性のフリージャーナリストで、メディアの世界にも十分な橋頭堡をもった人物だったとしよう。繰り返しになるが、彼女たちは「女性」だ。「異性」を通じた共同体への帰属欲求を男性である意思決定権者が求めている時、アプローチしてくる「女性ジャーナリスト」との間でどんなことが「自然の成り行き」として生じるだろうか。

ましてや、ジャーナリストという立場を通じて、さまざまな人脈を駆使できる者であったとすれば、彼女はひょっとしたら「共同体」における他者からの尊敬度を高めるための「実弾」あるいは関連する「情報」を持ってくるかもしれない。意思決定権者にとって、ここまで何もかも自らの欲求を満たしてくれる人物がいるだろうか。

しかし、ここで籠絡《ろうらく》される意思決定権者たちの「不甲斐なさ」を嘆くにとどまっていたのでは、それこそ「イエロー・ジャーナリズム」のレベルにとどまってしまう。そしてそのレベルにとどまる限り、人々は「事実」を「事実」としてもはやとらえられなくなり、これほどまでに重要な実態であるのに忘却し、やがて同じ過ちを繰り返すのだ。むしろ私はここで、こうした「鵺」の持つ「展開力」を目の当たりにしたのであれば、私たちもまたこれに「学び」、まずは真似をすることから始めても決して遅くはないと思う。

そうではなく、いたずらに「外交」とは理性にもとづく高潔な行為であると操作されたモラールを説き、公開情報の検索と、外交当局への「公式な確認」だけに終始していたのでは、「本当の外交」は展開できない。

もちろん、相手国において実際に手足となる「展開力」を確保するには、相当な忍耐と一貫した努力が必要となる。なぜなら、本節の冒頭で述べたとおり、一国の意思決定権者にアクセスできる者が常にいるとは限らないからだ。あるいは、いたとしても日本の国益とは合致しないか、それには共鳴しない人物であるのかもしれない。

そうであれば、アクセスできる者を日本の国家としての意思により「育てていく」という作業が必要となってくる。しかも、これまでは一国の政治の世界において、まずはトップを押さえるという意味でのアクセス権者についてだけ述べてきた。だが、それを補強する者として、さまざまな分野のさまざまなレベルの副次的な意思決定権者（いわゆる「各界エリート」ないしその予備軍）との関係でも、一意対応でアクセスできる人物が必要だ。そうなると膨大な人数が必要であり、かつこれを全世界に対して展開するとなると大変な労力と時間、そしてカネがかかってくる。

しかし、情報力と構想力にもとづく本当の外交戦略の手足として、「エージェント・アプローチ」が不可欠である以上、国家の意思として、こうした人的ネットワークは構築していくべきなのだ。そのための努力を厭ってはならないと私は思う。そして、こうしたネットワークの萌芽はやみくもに育てるのではなく、例えばまずは「日本に関心がある人物」が留学生として来日していることを考えれば、こうした人物へのアプローチもまた国内で網羅的に行なう必要がある。その意味で官民が一体となって、本書で指摘した国富の増大としての「国益」の増進のため、一致した意思の下に協力関係を構築していくことも不可欠だ。

逆に「防諜」という観点からは、日本へ留学してくる諸外国からの若者たちをきめ細かくケアする必要もある。なぜならば、日本に「学生」として入ってくる彼ら・彼女らこそ、実は日本に狙いを付けた国家による「エージェント・アプローチ」にもとづき育成される、あるいはされてきた人物である危険性をはらんでいることは否定できないからだ。

ドイツの例に学ぶ

重要なことは、いま日朝外交をめぐって私たちの目の見えないところで蠢《うごめ》いている「鵺」を看過するのではなく、これを私たち自身の手足とし、私たちの意思に従うものとすることだ。そのためには、インテリジェンスに対するセンス（情報力）がまず意識として保持されることを前提に、国家機関として諜報・工作機関を日本にも新設すべきだと私は考えている。この国家機関は、それが取り扱う事案の性質上、迅速な執行能力と力強い民主的コントロールのバランスをとるべく、内閣総理大臣に直属の機関として設立されるべきである。

ちなみにここでいう「諜報」や「工作」は、日本国内における他国（およびその機関）の浸透を防ぐという意味での「防諜」を超えたものだ。日本でこの意味での「防諜」を行なっている機関としては、警察庁外事課、あるいは法務省傘下にある公安調査庁がある。しかしこれらは、ここでいう「エージェント・アプローチ」に相当する「諜報」や「工作」といった積極的な活動を(少なくとも表向きは)行なっていないものとされている。

ところで「諜報」「工作」は、日本語ではあまりポジティブな意味合いを持っていないかもしれない。また、「諜報」「工作」というと、「秘密」の語が付きまとい、それがやがて「非民主的」、「独裁」といったイメージへと連なっていきかねない。しかし、外交の世界、あるいは国際社会の「現実」において、これらの単語はむしろ日常用語に属するものだ。広い意味での外交の「手足」となって展開すべく、こうした任務を負った国家機関としては米国のCIAが有名であるが、例えば私が在勤したドイツにおいても「連邦諜報庁(Bundesnachrichtendienst, BND)」という機関がある。

日本と同じく敗戦国として再生した(旧西)ドイツにおいては、日本とは異なり、戦後まもなくから諜報機関が活動してきた。BND自身は一九五六年に設立されたが、その前身はナチス政権下で東欧・ロシアに対する諜報活動を指揮していた、ゲーレン将軍(General Gehlen)が率いる「ゲーレン機関(Organisation Gehlen)」であった。

東欧とロシアを自らの「生存圏(Lebensraum)」として定義し、そこへの侵略戦争を展開していたナチス・ドイツにとって、これらの地域への諜報・工作活動は死活的な意味合いを持っていた。そのため、ゲーレン将軍率いる特殊機関（Fremde Heere Ost）は大きな役割を果たしていたが、ナチス・ドイツの敗北とともにこの機関も消滅するかに見えた。

しかし、ゲーレン将軍はこの機関の遺産を、そのまま「東側世界への防塁」として役立てることを米国に提案し、戦後世界における生き残りをはかることになる。結果としてはこうしたゲーレンの取り組みは米国に認められることとなり、一九四六年には「ゲーレン機関」が米軍傘下で創設されるに至るのである。その後、BNDへとその活動は引き継がれるわけであるが、BNDは冷戦構造下で旧東側との最前線にあたる旧西ドイツにおける諜報・工作機関として、「自由主義社会」を守るための活動を展開していく。

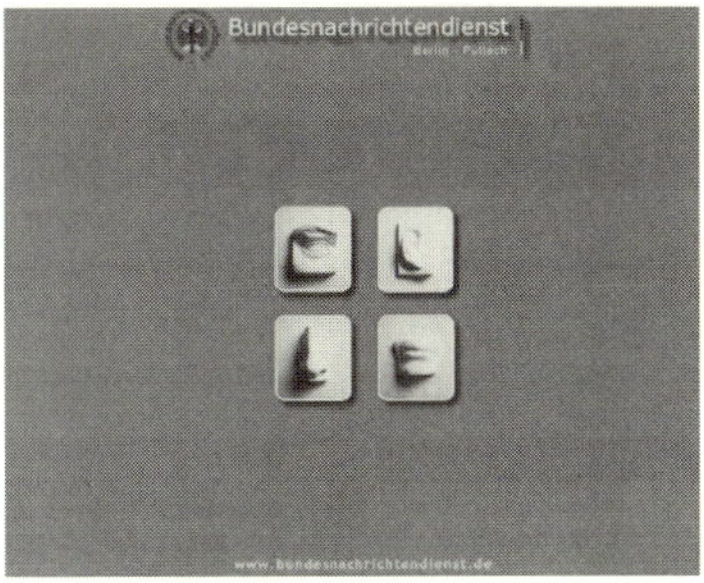

ドイツ連邦諜報庁のホームページ

BNDのホームページ（http://www.bundesnachrichtendienst.de）を見る限り、南ドイツのプーラッハ（Pullach）にあるこの機関が「工作活動」を行なっているとは一言たりとも書かれてはいない。そこには「BNDは情報サービス機関（Der BND als Informationsdienstleister）」と題し、もっぱら情報収集を行ない、これを連邦政府に対して提供することを任務としているとだけ記されている。また、最近ではBNDに就職する「研究者」が増え、かつてはスパイ機関と評されていたBNDのイメージの改善がはかられているとの報道もある（「大学からやって来たスパイ（"Der Spion, der aus der Uni kam."）」「Der Spiegel」誌二〇〇四年十二月二十日号）。

　しかし、こうしたイメージを持たれているBNDであっても、彼らが連邦首相の直属機関として、この本でいう「エージェント・アプローチ」にも従事していることは外交の世界における常識なのだ。報道に出てくるだけでも、旧東側諸国あるいは中近東におけるその展開は、たとえCIAであっても無視できない規模のものであると言われている。

　ここで改めて強調したいのは、そのようなBNDが存在するからといって、ドイツのことを「非民主的」であるとか、「独裁国家」だと非難することは常識としてあり得ないという事実だ。また、こうした機関の存在が、狭い意味での外交の当局である「外務省」の存在そのものを脅かすものでないことは、ドイツ外務省がBNDの存在を前提として業務遂行を行ない、全体として連邦首相の統率下、ドイツ外交が活発に展開されていることからも明らかだろう。それとのアナロジーで言えば、日本に同じような国家機関が十分な民主的コントロールの下に置かれたとしても、すぐさま「危険な存在」であるとして反対することはできないはずだ。

　さらに言えば、私たちがいまなすべきことは、そうした国家機関の新設のみならず、ドイツとの比較において、「なぜ日本には、そうした機関が戦後、存在してこなかったのか」という点について熟考することなのかもしれない。北朝鮮問題、とりわけ拉致問題をめぐって「鵺」が闇の世界で飛び回っているのを垣間見る時、そうした議論すら発想として欠如していたかに見えるこの国の戦後の「世論」の背景に、その日本の戦後を設計した者たちの何らかの意図を感じざるを得ないのである。これこそ、戦後六十年を迎えた今年に、国民的な規模で議論すべき最重要論点の一つだと私は考える。

冒頭述べたKさんの言葉少ない嘆息への答えがここにある。——日本外交の再建のために不可欠なのは「エージェント・アプローチ」であり、そのためになすべきことは、すぐそこに見えているのだ。

2001年5月、迷走する外務省の象徴となった
田中眞紀子外相（写真提供：毎日新聞社）

外務省不祥事をめぐる「反省」

「エージェント・アプローチ」を考える時、私自身、実は反省せざるを得ないことがある。それは、二〇〇一年一月に「発覚」した松尾元要人外国訪問支援室長による内閣官房報償費詐取事件、およびそれに端を発した一連の「不祥事」処理についてだ。

特に、二〇〇一年十一月三十日、外務省は「プール金」問題に関する調査結果報告書を発表した。ここでいう通称「プール金」とは、民間企業の帳簿における勘定項目としては

「預り金」とでもいうべきものだ。すなわち、民間企業との取引のため公金が支出されるが、何らかの理由で見積りどおり支出された公金額と実際の費消額が異なり、その差額分が企業側において「プール」されていくという現象を指す。外務省ではこうした「プール金」の形成が慣習として行なわれており、これを個人として、あるいは集団として費消することも故意に行なわれていた。

この原稿を書いている二〇〇四年から二〇〇五年にかけての冬の段階で世間を騒がせている、厚生労働省の補助金の「監修料」としてのキックバック問題もそうであるが、公金の不適正経理は言語道断であることには違いない。私自身、外務省の一連の不祥事をめぐっては、内部監察の主力メンバーとしてすべての出来事を実地でつぶさに見る立場にあった。公金をくすねようとする者に対する嫌悪感は人一倍強いつもりだ。

しかし、である。このようにして「情報（インテリジェンス）力」と「政経合体戦略」にもとづく「エージェント・アプローチ」の必要性を日本外交の再建にあたって説く中で、私ははたと立ち止まってしまう。例えば、別表に掲げた「プール金を有していた七十一課室における課室別の残高及び費消額」のようなものは、果たして公表すべきだったのだろうか。

なぜならこれは、納税者としての国民への説明義務を果たすことにとどまらず、それとは全く関係のない第三者（＝外国）に対しても、「日本国外務省はこの部署にウィークポイントがあるのです」ということを、白日の下にさらすのに等しい行為だからだ。ましてや、そのようにして

いわゆる「プール金」問題に関する
会計検査院による決算検査報告書の発表について

（平成14年11月29日　外務省）

1．これまでの経緯

●昨年11月30日、外務省は調査報告書を発表（平成7年度以降13年7月末までの間、外務省職員が業務の関連及び職員間の懇親で費消したプール金は1億5998万円。取引先における残高は4241万円。）。

●これを受けて、昨年12月から会計検査院が検査を実施。その成果として本日、会計検査院の決算検査報告書が内閣に提出された。

2．会計検査院の今次決算検査報告（別紙参照）

●会計検査院が公金から積上げられたこと確認し、国損額と認定した「プール金」は2億8642万円。

（その他、積み上げが確認されるものの、発生過程が特定できないものが約6628万円。また費消は合計4億353万円。）

●昨年の外務省調査報告書上の金額に比べ、会計検査院による今次決算検査報告書上の金額が増えることとなった主な理由は次の二点。

⑴昨年の調査報告書公表時には浅川事件のため捜査当局により押収されていた資料を公判開始に伴い当省が入手し、これを会計検査院が検査したこと。

⑵会計検査院の要請に基づき、外務省が行った追加調査に対しては、企業側が昨年に比し、情報の開示等の面でより積極的に協力したこと。

3．外務省としての対応

●会計検査院が国損額と認定した「プール金」について所要の延滞利息（年利5％）を付し、国庫返納する。同時に企業側より残高を回収し、国庫返納させる。

●関係職員の処分を厳正に行う（関連資料参照）。

●再発防止策については、これまで、⑴省員に対する会計研修の徹底、⑵プール金積上げの温床となっていた、各課室毎の調達の会計課への一元化、⑶監察査察官の設置（現職検事の任用）と監察の実施、⑷省員の声を直接受け付ける「監察査察意見提案窓口」の設置といった一連の改善措置を既に講じてきており、今後ともこれを更に徹底してゆく。

課室別の残高、並びに公務及び省内等（注１）費消額（千円単位）

（今回の会計検査院決算検査報告をベースに外務省として集計したもの）

	残高		費消	
大臣秘書官室	648	4,989	3,588	13,702
副大臣室（政務次官室）	40		982	
事務次官室	−70		3,517	
儀典官室	3,710		1,768	
総務課	553		245	
人事課	0		0	
会計課	0		2,994	
福利厚生室	91		0	
在外公館課	6		72	
在外公館警備室	11		536	
報道課	0	743	14,575	18,893
海外広報課	74		4,318	
国内広報課	161		0	
国際報道官室	508		0	
文化交流部政策課	576	2,830	4,237	8,498
人物交流課	2,254		4,262	
領事移住部政策課	0	1,049	117	4,031
旅券課	1,017		3,546	
邦人保護課	0		0	
邦人特別対策室	31		368	
総合政策局総務課	−410	1,522	0	3,646
企画課	196		761	
安全保障政策課	370		1,000	
国連政策課	1,366		1,885	
軍備管理軍縮課	69	215	332	792
科学原子力課	147		460	
国連行政課	97	275	327	6,249
人権人道課	0		5,557	
地球環境課	178		365	
アジア局地域政策課	10	5,070	1,715	26,053
北東アジア課	790		2,324	
中国課	977		7,212	
南東アジア第一課	496		4,750	
南東アジア第二課	467		1,120	
南西アジア課	1,253		6,885	
大洋州課	1,077		2,047	
北米第一課	595	1,238	8,561	10,692
北米第二課	37		162	
日米安全保障条約課	607		1,969	

中南米第一課	718	1,042	569	3,476
中南米第二課	325		2,907	
西欧第一課	3,957	6,084	5,184	29,753
西欧第二課	243		3,668	
中・東欧課	642		9,193	
ロシア課	840		6,709	
新独立国家室	402		4,998	
中東第一課	440	2,816	4,992	30,720
中東第二課	1,088		9,210	
アフリカ第一課	1,645		4,394	
アフリカ第二課	−356		12,123	
総務参事官室（注2）	12,434	24,364	15,770	81,832
国際経済第一課（含 ASEM 室）	84		7,483	
海洋室	3		0	
国際経済第二課	90		370	
漁業室	350		540	
国際エネルギー課	56		3,018	
開発途上地域課（注3）	9,659		39,577	
国際機関第一課	1,022		13,703	
国際機関第二課	668		1,371	
経済協力局政策課	212	1,350	220	3,810
国際緊急援助室	0		28	
評価室	5		0	
国際機構課	77		605	
技術協力課	361		661	
開発協力課	215		657	
有償資金協力課	192		0	
無償資金協力課	289		1,639	
条約課	3	59	212	10,260
法規課	56		10,048	
国際協定課	0		0	
分析第一課	0	54	59	414
分析第二課	61		0	
調査室	−7		356	
研修所	1	1	0	0
その他	2,099		0	
総計		55,802		252,823

注1：報道課費消額は、APEC プレス関連 1457 万 5 千円分。
注2：総務参事官室には、サミット事務局分が含まれる。
注3：開発途上地域課には、APEC 事務局分が含まれる。

出典：外務省ホームページ

積まれた「プール金」がどのようにして費消されたのかについても、外務省は当時、事細かに説明すらしている。

典型的な事例でいえば、「プール金」は主要ホテルに積まれ、純粋に私的な、あるいは「歓送迎会」と称して集団的な目的のために使用されていた。またタクシー会社との関係においては、金券であるタクシーチケットとしてキックバックされたこともあった。

そんな事例を、諸外国から見たらどうだろうか。「恥ずかしい」などという感情論に入り込む前に、まず考えるべきなのは、「仮に同じだけの高額の金品が、他の国から外務省員に対して提供されていたとしたら、いったいどうだったろうか」ということでなければならないはずだ。もちろん、目の色も違い、髪の毛も黒髪ではない純粋な「外国人」から堂々とそんな金品を受け取るほど豪快な者はいないだろう。

だが、先ほど述べたとおり、外交の「展開力」の実際の手足となる者は、必ずしも「外国人」である必然性はないのだ。ひょっとしたら、日本人で日常的なコンタクトがあまりにも「自然な」立場にある者、例えば「女性（女性の幹部に対しては男性）ジャーナリスト」なのかもしれない。そして、あまりにも「自然な」形でこうした金品が絶妙のタイミングで渡された時、あなたが仮に外務省員だったとして、これを拒む勇気があるだろうか。

こう考えた時、私は思ってしまうのだ。「あのプール金問題の調査報告書を、情報公開制度を意識して可能な限り詳細に作り公表したことは、ひょっとして中長期的に見れば外務省、あるいは日本外交にとって最大の失策の一つだったのではないか」と。

このことは、何も私の古巣が外務省だったから書いているわけではもちろんない。古くは「ノーパンしゃぶしゃぶ」の大蔵省（当時）に至るまで、昨今の官僚の不祥事に対するバッシングは激烈であり、世論からの追及の手は緩むことがない。それはそれで正しい在り方ではある。しかしその一方で、仮にそうした追及の手が、意図せずして他国の外交政策の「展開力」の手足として使われてしまう状況があった時、本当なら守るべき国益が損なわれてしまっているかもしれないと危惧すべきなのではないだろうか。

同じことは、ここでいう「エージェント・アプローチ」の発想にもとづきそもそもは設定されたはずであろう「報償費（通称「機密費」）」についても言えよう。前述の松尾元室長が普通では想像もつかないくらいの莫大な金額を総理外遊の諸経費から騙し取り、愛人や愛馬に費消していたことで世間を驚かせたあの「報償費」のことだ。

内閣全体で依然として数十億円単位で計上されている「報償費」は、行政の円滑かつ機動的な事務遂行のために使われるものであり、その使途の詳細については公表しないことになっている。しかし、愛人や愛馬に費消した個人、あるいは「プール金」としてこの費目から飲み食いを皆でしていたとしたら話は別だ。「いったい何に使っているのか」という怒号が二〇〇一年以降、世間一般より外務省に対して浴びせられてきていることは厳粛に受け止めなければならない。

だが、仮にこの報償費と同一の性格の金銭を、まさに日本の国益を守り増大させるべく、ここでいう「エージェント・アプローチ」の拡充と維持のために用いるとしたらどうだろうか。しかも、いまある金額の数十倍の規模で用いなければならないとしたらどうか。それでも私たちは、「市民＝納税者」の立場から、その費消内容の逐一を公開すべきだと主張するべきなのだろうか。

私の答えは断じて「否」だ。そんなことをしては、外国において、当該国の国民・住民でありながら、日本の国益のために外交の「エージェント・アプローチ」の一翼を担ってくれている者たちがたちまち生命の危険にさらされるからだ。

したがって、私たちとしてはむしろ、こうした「エージェント・アプローチ」の拡充に踏み切った時に、例えば「報償費」の使途全面公開を声高に主張する勢力がいれば、直ちに警戒すべきなのだ。なぜなら、そこには何らかの意図、つまり誰が報償費を使っているのかを知りたくて仕方がない外国勢力の姿が見え隠れするからだ。「情報公開」という美名の下、本当に守るべき私たちの利益が失われることがあってはならない。

外務省不祥事の顚末を通じ、「エージェント・アプローチ」を展開される立場としての外務省を考えた時に、空恐ろしくなる出来事がさらに二つあるので、ついでに書きとめておきたい。いずれも、今後の外務省には絶対にあってはならないことだ。

その一つが、外務省幹部と異性のメディア関係者（特に記者）との接触についてである。これまでの十二年余にわたる外務省勤務で、時折り耳にすることがあったのが、「外務省に詰める報道各社の担当記者が女性だと、男性記者は勝負にならない」という男性記者側の嘆息である。

政治の世界では、外務省に限らず、俗に言う「夜討ち朝駆け」という慣習がメディアにはある。要するに昼間には絶対に会ってもくれない高官であっても、深夜の帰宅時、あるいは早朝の出勤時に顔をあわせ、挨拶を交わすことで自然に人間としての信頼関係が築かれ、少しずつ情報が得られるというものだ。ところが、どうも外務省番となる記者の中で、とりわけ女性記者が配置されると、これまでとは打って変わって格段に「抜き（スクープ）」が多くなる社があるというのだ。北朝鮮外交に携わる中で、実は私自身も「抜かれる」立場として日々これを実感していた。

もちろん、報道の自由がある以上、個人の力量による取材力には差が生じることだろう。それも何も違法な手段によるものではなく、合法な手段でもやりようというのはあるであろうし、異性の取材対象だからこそ顕示できる心遣いというのもあり得るのかもしれない。

＊一時期、外務省では激しい外交交渉を担当する高官が出張先で深夜に帰室するのをみはからって、ミネラルウォーターの入ったペットボトルを片手に労をねぎらいつつ、取材を試みた女性記者がいるという噂（通称「ペットボトル事件」）が揶揄を交えて流されたこともある。

だがその一方で、国家公務員には厳しい守秘義務がその職務の性質上、課せられており、秘密漏洩をそそのかした者もまた罰を受ける仕組みになっている。沖縄返還交渉の最中に生じたいわゆる「西山事件（外務省秘密電文漏洩事件　最高裁昭和五十三年五月三十一日第一小法廷決定）」では、秘密公電を引き渡した女性事務官をそそのかしたとして、有力新聞社の記者が有罪判決を受けている。したがって、いわゆる「可愛いリーク」ならともかく、国家機密のコアに至るリークが仮に「取材能力」のある記者との関係で生じていたならば、大問題となる。

――と、恐らくここまで論じるのが、これまでの外交機密とメディアとの関係を論ずる普通の議論の流れであったと思う。しかし、「エージェント・アプローチ」を掲げる私としては、実は問題はここから先だと考えている。

例えば次のような場合はどうだろうか。他国の「エージェント・アプローチ」の一端として、いかなるステータスであれ「ジャーナリスト」である日本人が、目標（ターゲット）である異性の日本政府高官へと接近する。もちろん、名目は「取材」だ。

さまざまな紆余曲折を経て「取材」は成功し、目的は達成される。ところが当該ジャーナリストからは、この取材を発注した上司、あるいは請負契約の発注元に対して、そこで得られた情報の半分もフィードバックされないのだ。だが、記者同士であっても取材源の秘匿が慣習化しているこの業界のことだ。結局、どこまで本当は知っているのに報告しないのか、外部の者がこのジャーナリストを追及することは非常に困難である。

それではどこに、このジャーナリストが収集した情報は消えてしまったのだろう。「西山事件」的な発想、すなわち国内だけを念頭においた着眼点でこの「事件」を追っていくと、結局どこにもその答えは見つからないだろう。

だが、私たちはこの時、このジャーナリストが他国の「エージェント・アプローチ」の一端であるということを知っている。つまり失われたはずの「情報」は、実は「エージェント・アプローチ」の肥やしとなり、何事もなかったかのように本国へとフィードバックされているかもしれないのだ。

私は何も、こうしたメディアと外務省、あるいは政府関係者との不即不離の関係そのものが直ちに悪いといっているわけではない。前章の「メディア・アプローチ」を論ずる中で述べたとおり、メディアとは一定のリテラシーを踏まえた冷静な目で真剣に付き合って、相互に共存共栄を民主主義社会でははかっていくべき存在だ。その限りにおいて、ここでいう「エージェント・アプローチ」をめぐる問題は、決してなくなることはないのだ。

そうした民主主義にもとづく外交に巣食うメディアを媒介とした問題群そのものを、できもしないのに根治しようと無謀な論理を説くべきではない。むしろ問題なのは、今の日本外交に、そうやって「取られた」分を自らの「エージェント・アプローチ」でとり返すべしという発想と、そのための足腰を整えようという意思がないことではなかろうか。

第二に問題なのが、いわゆるインテリジェンス・ブリーフをめぐってである。インテリジェンス・ブリーフとは、例えば東京において、同盟国・友好国の情報部局の出先機関から、情報（インテリジェンス）をまとめて提供してもらうことを指す。

こうしたインテリジェンス・ブリーフが行なわれていること自体は、外務省自体がこれまでも認めてきている。例えば安全保障上、高度の機密事項について、他国より情報収集をしているのかと聞かれた時、外務省はそうした意見交換自体は行なっていると認めた上で、詳細はコメントしないというのが普通である。

しかしこのことは、第一章で述べた「インテリジェンス・アプローチ」とも関係してくることなのだが、日本の外務省は情報リテラシーと検証手段を持ち合わせないため、とかくこの「インテリジェンス・ブリーフ」を真実としてとらえる傾向がある。もちろん、疑いを挟む口がないわけではないが、大概、ある段階でそうした「異論」は「異説」として幹部の口で叩き潰される。

ところがよくよく考えてみると、このインテリジェンス・ブリーフこそ、相手国からしてみれば外交戦略上の「エージェント・アプローチ」の最たるものなのかもしれないのだ。なぜなら、ある情報がないからこそ、日本外務省は当該インテリジェンス・ブリーフに耳を傾けるからだ。痒いところに手の届く説明をしてくれる者を、人はとかく信じやすい。

だが、例えば特定の病院の顧客（患者）を増やそうと画策している時、隣人が病気になったとしよう。すると当然、あなたはこの病院を隣人に勧めるだろう。早く病気を治したい隣人は、普段から仲のよいあなたの言葉を何ら疑うことなくこの病院に向かうことに違いない。しかも、その病院の本当の良し悪しとは必ずしも関係なしに、だ。――インテリジェンス・ブリーフの怖さとは、まさにこうした「口コミ」に弱い状況においてこれが特に行なわれるという点にある。

インテリジェンス・ブリーフとはあくまでも、一つのゲームの中のプレーに過ぎないということを外務省は明確に認識すべきだ。そしてそれがゲームであるということは、「情報力」と「政経合体戦略」にもとづく外交を展開してくる相手国からであれば、日本政府の喉元を撫でてくるかのような危険な心地よさを持つのがインテリジェンス・ブリーフだと認識することを通じてこそ理解できよう。そうであるにもかかわらず、そうした危険性を認識もせず、信じこんでしまう者は、もはや「外交」に携わる資格も能力もない。

こうして述べてくると、他国の圧倒的な「エージェント・アプローチ」に対し、もはや外務省、あるいは日本政府、そして日本社会として全く打つ手はないのではないかという悲壮感を抱かれるかもしれない。どこへいっても「エージェント・アプローチ」の表われが目につき、しかも同胞であっても、積極的なコンタクトを求めてくる者はもはや信じられない。

本当に打つ手はないのか。――私はそうは思わない。この問いを解く鍵は「エージェント・アプローチ」のそもそも論にある。「エージェント・アプローチ」の根源にあるのは、結局は人間の根源的な欲求であった。そして、人は「自分だけが特別扱いされている」と信じ込まされることによって、大いに自尊心をくすぐられ、その分だけ操作されやすくなるものだ。

この本で「エージェント・アプローチ」として述べたヒューミント（HUMINT, human intelligence）もまた、基本は目標（ターゲット）との一意対応の関係構築である。なぜなら、第一章で「ネットワーク分析」を引用した際に紹介したとおり、他との連携を分断し、自分がハブとなって相手との独占的な関係を構築することが、まさに影響力行使の源泉となるからだ。

したがって、「エージェント・アプローチ」が他国によって旺盛に展開された国の社会においては、有力者の間で表面的には争いごとが絶えなくなる。なぜなら有力者たちは誰しもが、「我こそは選民なり」と信じ込んでいるからだ。もちろん、彼らは操作されている可能性をこれっぽっちも感づいてはいない。

だが、こうして意図的に作らされた群雄割拠状況は、社会全体の利得・幸福の増大ということを考えた時、極めて大きな問題をはらんでいるのだ。なぜなら、他国からみれば、狙いをつけた先の社会が内部で争っていた方が、個別の勢力を懐柔すればよく、ある意味、御しやすいからである。

＊これは江戸末期の、各藩と西欧列強との関係を振り返れば分かる。特にイギリスは、武器商人として各雄藩に最新鋭の武器を売却し、相互に競わせていたが、他方でどの藩がどれだけ優位な軍事力を持っているのかを常に正確に把握していた。

これに対し、「エージェント・アプローチ」の侵入を防ぎたい、あるいはその影響を極小化したいというのであれば、「群雄割拠」となることを意図的に防ぐべしという強い決断と意思（共同体意識）が日本社会全体にみなぎっていればよい。「共同体意識」が堅牢な社会では、もはや「エージェント・アプローチ」による操作は効かなくなる。なぜなら、こうした共同体においては、有力者であっても「個」としての欲求充足ではなく、「社会」全体としての利得・幸福の極大化に与するからだ。

第五章

外交戦略を支える人的ネットワーク

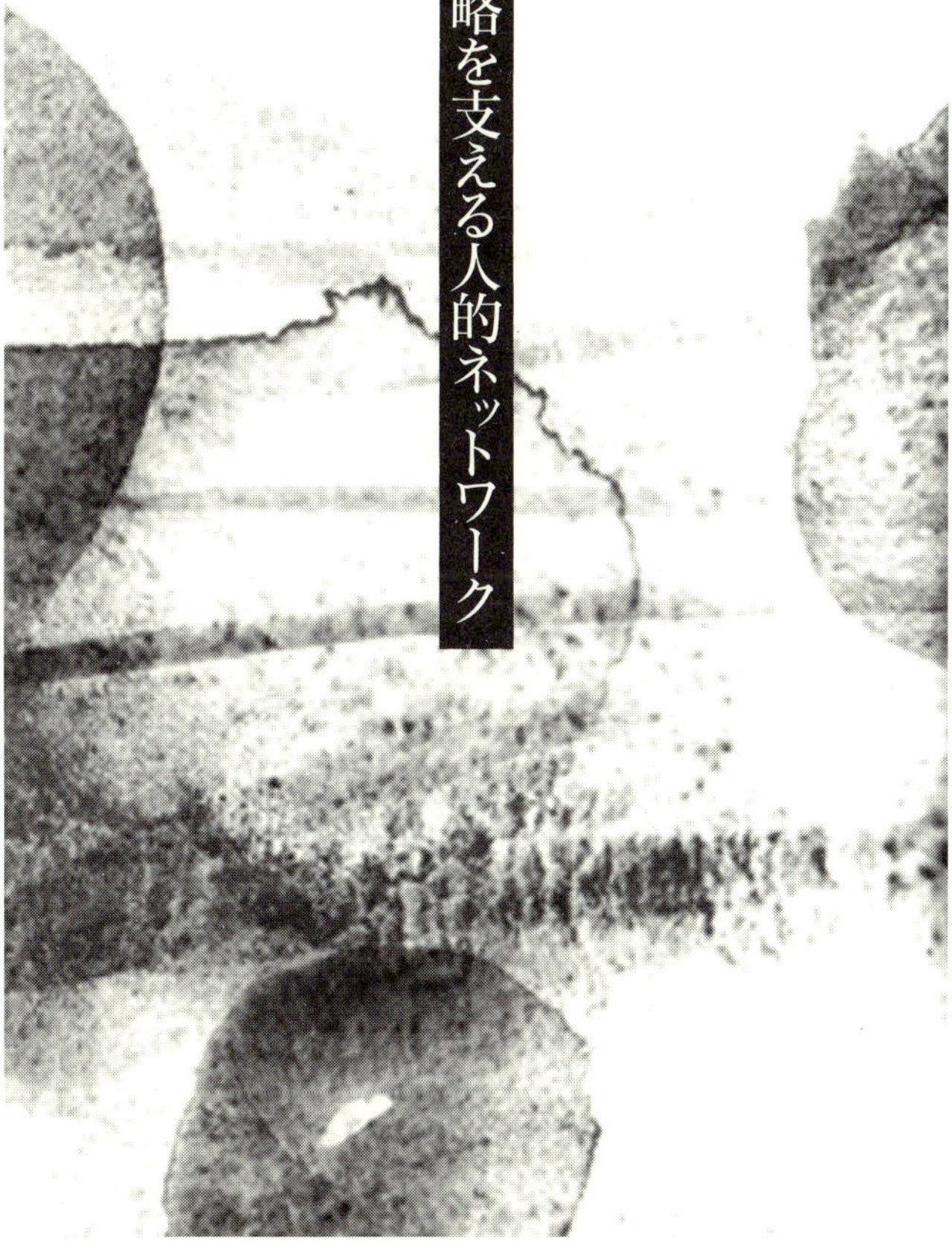

対北朝鮮経済制裁法案をめぐる混乱

二〇〇四年は、対北朝鮮政策に限らず、日本の対外政策にとって画期的な年となった。日本が「単独の判断」で、経済制裁を特定の国に対して行使することを可能とする法律が成立したからである。

その一つが、特定の外国に対する送金や貿易を規制する「外国為替及び外国貿易法（通称「外為法」）」の改正である。そしてもう一つが、特定国の船籍を持つ船舶、あるいは特定の船舶そのものの日本への入港を規制する「特定船舶入港禁止特別措置法」だ。

これらの法律はいずれも、政府がいう「対話と圧力」という二重のアプローチの内、「対話（話し合い）」だけではいっこうに誠実な対応を見せようとはしない北朝鮮に対する「圧力」として成立した。その背景に、国民大多数の苛立ちがあったことは言うまでもない。

この二つの法律はいずれも日本では珍しく「議員立法」の形で成立した。そのため、ややもすると関係する有志国会議員の姿だけがクローズアップされがちだが、実際にはその陰にこれを支える多くの官僚たちの姿があったことは言うまでもない。

この法律の制定についてイニシアティブをとったのは、山本一太参議院議員、水野賢一衆議院議員（以上、自由民主党）、さらには松原仁衆議院議員（民主党）といった若手議員であったが、外務省内において、切れ者で有名なA課長が実質的な「起草者」と同じ大きな役割を果たしたことは永田町や霞ヶ関ではよく知られている。ただし、形式としてはあくまでも、これら有志議員が衆議院法制局に助言を求めつつ、法案を作成し、改正外為法については二〇〇四年三月、特定船舶入港禁止法については同年六月、それぞれ成立を見たものである。

私も北朝鮮担当官として、この立法作業の最初から最後まで関与した。通常、法律は内閣が提出する法律案、つまり「閣法」として国会に提出され、政権与党の多数によって「シャンシャン」で可決される。ところが、今回は「議員立法」という本来はあるべき姿だが、日本では類例に乏しいプロセスを経たため、官僚たちの苦労も多かった。

2003年8月、新潟港に入港する北朝鮮船籍貨客船「万景峰92号」(写真提供：毎日新聞社)

だが、結果としては、やはりこの労は報われたのではないかというのが私の率直な感想だ。例えば、こんなことがあった。

私はこの二〇〇四年の初秋、知己の大学教授に招かれて、大阪のある大学の公開講座で「北朝鮮問題」について話す機会を得た。大抵の場合、こういった「公開講座」には、暇な学生のほかに、むしろリタイア組の熱心な初老の方々がいらっしゃることが多い。そういう方々は、当然、私より遥かに人生経験を積まれているので、いろいろ変化に富んだ質問をぶつけてくる。何しろこちらは、「外務省」の課長補佐だ。東京ではその辺に転がっている石のような存在でも、一極集中の日本では、地方にいくとまだいくらか重みがあるらしい。

その時も、実にたくさんの質問・コメントがあった。話し下手と自覚しているからなのか、あるいは国民をそもそも「ナメている」のか、外務省の同僚たちの中には人前で話すことを嫌う者も多い。しかし、市民の声に後押しされない外交に明日はないというのが私の信条で、時に非難轟々となっても受けて立つというのが私自身に課したモラールだった。

「経済制裁」は万能ではなく、伝家の宝刀ではあっても抜き方を間違えるとどえらいことになる、と説明していたその時だった。ある初老の男性が、満を持したようにして質問に立つ。「原田さん、御説明はよく分かりました。しかし、不誠実な北朝鮮に対して、私たちの姿勢を示すためにも、制裁の発動は必要なのではありませんか。」

私はこの時、自分の子供と同い年くらいの私の顔を真剣に覗き込む、この初老の男性の声がたまらなく嬉しかった。もちろん質問そのものは、のらりくらりとしている政府の対応に対する批判という意味合いがなかったわけではない。だが、この方の眼差しははっきりと、「俺たちを代表して、あんたたち外交官は胸を張って頑張ってきてくれ」というエールを送ってくれているように、まずは感じたからだ。

握手をしたくなる衝動をおさえながら、壇上から笑みを浮かべつつ私が答える。「国権の最高機関である国会が決めたことは、言うまでもなく私たち日本人の総意です。その意を体して、外交官として最後の瞬間まで食らいついて頑張って参ります。もちろん、政府としてもあらゆる選択肢を持ちながら、北朝鮮に対する手段としては、その都度その都度、最も効果的なチョイスをする考えです。経済制裁については、何よりも北朝鮮側の対応如何なんですよ。」

初老の男性は私の一言一句に肯いてくれ、小声で礼をいっていた。ささやかな出来事かもしれないが、まさに「市民」と「外務省」が一体となった瞬間だったのではないかと思う。

このように、制裁法が成立したことによって、日本外交に対する追い風が一面では明らかに強くなった。なぜなら、外務省が勝手に外交をやっているのではなく、この国の本当の主人である市民の方々一人一人の思いを託されて、交渉のテーブルにつくことになったからだ。もっとも制裁論だけを繰り返せば物事が済むわけではなく、制裁が意味あるものとなるための前提としても、とりわけ「情報（インテリジェンス）」の把握がどこまでできるかが鍵となることはいうまでもない。「情報力」の強化を伴わない感情的な制裁論は、あらゆる意味で危険だ。

「国民外交」と「プロの外交」との接点をつくった経済制裁二法であったが、その成立に至る過程は一筋縄ではなかったというのが実情だ。もちろん、内閣提出法案のようにいかなる微細な誤りでも見落とさない「内閣法制局」のチェックを経ていないがゆえの、法技術的な混乱もあったことは否めない。

だが、それ以上にこれらの法律が成立するにあたり、大きな障壁となったのが、実は日本の官僚制に伝統的に根づいている「セクショナリズム（縦割り主義）」だったのだ。「国民が一致して後押ししてやっているのに、役人がそんな体たらくでどうするんだ。」とお叱りを受けてしまいそうだ。しかし、現にそうだったのだから仕方がない。

そこでは、いったい何が問題となったのだろうか。

例えば、後から成立した法律である「特定船舶の入港の禁止に関する特別措置法」を見てみよう。すると、そこにはこんな条文がある。

「第三条
我が国の平和及び安全の維持のため特に必要があると認めるときは、閣議において、期間を定めて、特定船舶について、本邦の港への入港を禁止することを決定することができる。」

つまり、日本として「これは危ない」という状況があれば、内閣総理大臣が閣僚たちとともに行なう会議（＝「閣議」）の場で、「〇〇という船は日本には入れない」と決定できるというのだ。ところが、誰がその会議の場に議題として「船舶の入港禁止」を持ち込むのかというと、その点についてはこの法律には一言も書いていていない。

この関連でいえば、例えば米国における同種の法律の一つである「マグナソン法（Magnusson Act）」は、米国の安全が危機にさらされていると大統領が認定すれば、特定船舶への臨検などを行なえるとしている。つまり、行政権の長である大統領自身が判断して、命令するというわけだ。しかし日本のこの法律には、内閣総理大臣が単独で判断するとはどこにも書いていない。そうである以上、通常の規則にしたがって、関連する事務を司っている閣僚が、閣議において提案するというプロセスが想定されていることになる。

噴飯ものなのが、実はここからの話だ。このように、いずれかの閣僚が提案をしなければならない以上、その閣僚すなわち主務大臣は誰かを、法律の明文には載せなくとも決めなくてはならない。ところがこの「主務大臣問題」をめぐって、霞ヶ関では密やかに、しかし大変な騒動が勃発していた。

役所の論理からいえば、また心情的にも、経済制裁法はとりわけ膠着状況の続く拉致問題の解決のための一つの重要な手段として必要なのだと分かっていても、いざ自分がその引き金を引く役割を負うことになるのは避けたい。そもそも、経済制裁を発動して、うまくいけばよいが、必ずしも効を奏さない時には、たちまち「何やってるんだ！」という怒号の標的となってしまう。

それ以上に、例えば特定の船舶の入港を禁止すべき状況というのがあまりにも曖昧で、議員が下すべきいわば「政治判断」の典型である時に、役人がどこまで、何をできるのかという問題もある。しかし、いざとなると、「政」は「官」に対して説明責任を求めるだろう。そんな危ない橋を渡らされては、役人としてはたまったものではない。

こうした思考のスパイラルに入った瞬間、優れた官僚であればあるほど、保身の思考を瞬時に積み重ねることになる。ふだんは、あれほど権限に対する侵蝕にうるさい官僚も、今度は一転して、「これはオタクの官庁がやるべきですよ」と押し付け合い（「消極的権限争い」）を猛然と開始するのだ。

この法律をめぐっても、状況は全く同じだった。まず話をふられた国土交通省は、「船の話だからといって、すべてウチがやっているわけではありませんよ。例えば水際での麻薬取締りを国土交通大臣がやっているわけではない」と紋切り型の対応を繰り返す。もちろん、彼らの論理に理がないわけではない。

国土交通省がこうして寝転がってしまったので、それではということで外務省へと話が振られる。外務省としては、経済制裁が外交のツールだということは十分認識しているので逃げるつもりはない。しかし、国土交通省と同じで、たとえば特定の船舶がなぜ「危ない」のかを判断する時、現場で臨検などを行なえる官庁からの情報提供に頼らざるを得ないのが外務省だ。一人で背負えるものではない。

役所の世界では、このような形で必ずしも一元的に物事が決まらない案件があった場合、必ずすべてを最後にキャッチャーとして受け止めてくれる「総務」担当がいる。では、ということで内閣全体をサポートする役所である内閣官房はどうかというと、これまた歯切れが悪い。

曰く、内閣官房は「閣議に係る重要事項に関する企画及び立案並びに総合調整に関する事務」(内閣法第十二条二項)は行なえるが、特定の事務を所管することはできないのだという。これまた各省庁は困っているのだから、理不尽に聞こえなくはないが、法律にそう書いてあるのだから仕方がないの一点張り。

こうして三つ巴で喧々《けんけん》諤々《がくがく》の議論をした挙げ句、最後はいわば「喧嘩両成敗」であるかのような決着が相当なハイレベルでなされ、一時休戦と相成った。先ほど紹介した初老の男性とのやりとりと、その時伝わってきた思いを振り返るたびに、全く嘆かわしい霞ヶ関の光景だと思わざるを得ない。

このような、時に真夜中にまで及ぶ、同僚官庁とのこの「消極的権限争い」のなかで私が思ったことが一つある。それは、この国のために働く人たちの中には、「連帯感」とそれを支える有形無形の「ネットワーク」がないということだ。

なぜなら、感覚としての連帯、そしてそれを支える人脈(ネットワーク)があれば、そもそも諸外国から見ても、「日本が割れている」と受け取られざるを得ないこうした「論争」が次から次に勃発することが、いかに愚行でしかないかはすぐ分かるはずだからだ。そうではなく、今の日本、それは霞ヶ関に限らず、永田町あるいは大手町、さらにいえば東京と地方、そのすべてにわたってセクショナリズムという悪弊が蔓延している。そのことによって、私たちが「見えなくなっているもの」、そして「失っているもの」がどれだけ多いことだろうか。

あの初老の男性の外務省に対する熱い期待の眼差しを思い出すにつけ、この悪弊がいかに外務省、いや霞ヶ関全体を、本当は追い求めなければならないものから離反させているかを痛感せざるを得ない。それでは、どうしてこんな仕組みが日本にでき上がってしまったのだろうか。

日本型セクショナリズムの起源

外務省だけではなく、日本の中央省庁全体に旧態依然としてはびこっているセクショナリズムの起源を辿ることは、ひいては戦後の日本社会全体における「縦割り構造」を考えることにもつながってくる。なぜなら、明治維新以来、「遅れてやってきた資本主義国家」として「上からの発展」に努めてきた日本では、長年にわたって、政財に対する「官僚制優位論」（辻清明）が支配的だったからだ。

瓦礫の山からの復興をせざるを得なかった戦後日本では、よかれあしかれ官の指導を抜きにして国が動くことはあり得なかった。そのようななかで、いわば官を切り分け（かつての三公社、特殊法人など）、あるいは官の仕組みをそっくり写し取るかのような組織づくりをもって民が育てられていったという歴史的な事実は否定できないのだ。

このように「官僚主義的」発想と組織がはびこり、いかに広範に日本を覆っているのかということは、日本人なら誰しもが官僚バッシングに加担したがることからもよく分かる。つまり、それだけ「官」は日常であり、すぐそこにあるものなのだ。このような「官」の身近さは、世界を見渡すと、実は必ずしも当たり前のことではない。

話を元に戻そう。このように官僚、とりわけ中央省庁のセクショナリズムを考えることは、政官財を問わず、はびこっているセクショナリズムの悪弊を問うことにもなる。しかし、その起源はどこにあるのかというと、はたと考え込んでしまわざるを得ないのだ。

もちろん戦前にも、セクショナリズムは政府部内で多々みられた現象だった。そもそも近代日本の成り立ちである明治維新も、幕府と雄藩、あるいは東日本と西日本というセクショナリズムにもとづく政治現象だったといえよう。その後も、軍部と政治、官僚、あるいは軍内部でも帝国陸軍と帝国海軍といった形で、縦割り主義は生き延びた。

終戦後、こうした縦割り主義こそが日本の民主化を妨げていると主張した当初のGHQは、まず霞ヶ関の世界からセクショナリズムを排除しようとした。なぜなら縦割り主義は、縦に割られた組織の内部では、階層秩序を絶対的に重んじる権威主義に直結するからだ。ナチス・ドイツと同様、民主的で自由な議論が許されない秩序が政府部内にあるからこそ、「誤った道」を日本は歩んだに違いない——そのように「進歩的」なGHQ官僚たちは考えた。

彼らがまず考えたのは、官僚のひよこたちが長いキャリアの入口に立つ時、「○○省に就職する」という意識ではなく、「国民全体の奉仕者」になるという認識をいかにして植え付けるかであった。こうして、省庁の垣根を超えた一括採用のため、新たにひとつのお役所すらつくられた。「人事院」である。

現在も、実は（驚くべきことに）形式上、国家公務員は人事院によって採用されるとの建前が守られている。具体的にはまず、人事院規則八―十二第六十五条にもとづいて、人事院事務総長は各府省庁大臣に任用候補者提示書を提示する。これに対し、各大臣は「それではこの人物を採りたい」と「選択結果通知書」を人事院事務総長に提出する。

このように、あくまでも人事院が一括して公務員を任用することに本当になっているのであれば、各省庁には公務員への採否そのものに影響力はないはずだろう。そして仮にそうであれば、採用されたい学生たちの目も、おのずと本当の採用権者である人事院事務総長へと注がれ、セクショナリズムを超えた「公僕」としての倫理の会得に必死になるのかもしれない。

しかし、例外のない規則はない。実際には、「提示書」を示された各府省庁大臣は、今度は「そこには載ってないですが、こんないい人もいるのですよ」とばかりに「追加提示要求」をすることができることになっている。驚くべき「非官僚的」かつ柔軟な対応だが、その背景に「俺がこの優秀な奴を見つけてきたのだから、ノミネートしてよいだろう」とばかりに、囲い込みに走る各省庁の強い思惑があることは言うまでもない。

つまり、人事院の創設までもして、ＧＨＱの「進歩派」官僚たちが志した「セクショナリズムの超克」のための仕組みは、もはや機能してはいないのだ。実際問題として、各省庁が独自に判断した候補者にお墨付きを与えるだけに堕してしまっているのならば、人事院の当該部局はもはや過去の遺物と言うべきだ。世の中、至るところでリストラが進んでいる中で、そんな部局が温存されていていいはずがない。

外務省は「ベスト・アンド・ブライテスト」を集められるのか？（写真提供：毎日新聞社）

外務省とて同じことだ。今では外交官試験が廃止され、各省庁と横並びでリクルート活動に励まねばならない外務省もまた、血眼になって「囲い込み」に走っているのが現状なのである。人事当局者曰く、「分かっちゃいるけどやめられない」のであって、他省庁あるいは民間企業とのバトルロイヤルの中で、組織に「よい人材」を確保し続けること自体にはそれなりに合理性があったのかもしれない。

大の大人たちがそんな体たらくなのだから、これから外務省の門を叩こうという若き後輩たちが、その思考の檻から出られるわけがない。実際、省庁面接のある段階で私も多くの受験者たちと相対する機会を持ったが、彼らのあまりにも紋切り型の対応には逆に面食らったくらいだった。

大抵の場合、外務省の門戸を叩く学生たちは、自分なりに

「外交」というものに対するイメージを持って面接にやってくる。私はいつも次のような問いかけをしたものだ。

「あなたはなぜ、外務省に入りたいと思っているのですか。」

優秀な学生であればあるほど、「国際貢献のため、例えば安全保障分野で力を尽くしたいのです。」といった「まともな」答えが返ってくる。すると私からは、次のような問いが発せられることになる。

「では、仮にAという国で紛争が生じたとしますよね。そして、この紛争が我が国の安全保障に重大な影響を与えるものだとする。あなたはどういった要素を考慮しながら、政策判断しますか。」

学生たちの対応はここでは二つに分かれる。不勉強な学生は、ここで完全にギブアップ。こちらからの「講釈」をあとはだらだらと聞かされることになる。まぁ、人間は一期一会なのであって、こうした出会いも大切にしなければとは思うのだが、採用面接でこの対応ではNGだろう。

その一方で、熱心な学生は次のようにまっしぐらに答えてくる。

「重大な安全保障上の利益があるわけですから、関係国と協議した上で、国連安保理へ話を持ち込むのがあるべき姿だと思います。その一方で紛争が生じることで難民といった人道上の問題が生じているのであれば、人道支援に積極的に協力すべきでしょう。安保理での議論は、最終的には武力行使やPKOの派遣にまで至るかもしれませんが、日本も現行憲法の下、できる限りの協力をすべき責任を持っていると思います。」

　立派な回答だ。「国連中心主義」「人道分野でのあり得べき日本のイニシアティブ」そして「国際平和維持活動への積極参加」――彼（女）は多分、○○新聞をこれまで親の代から愛読してきたのだろうなぁと思いながら、やおら次の質問に移る。

「それでは、日本はそういった『貢献』をすることによって、何を得るのですか。」

「平和と安全の維持は、日本の国益だからです。」

「仮に尊い人命が失われても？　あなたが総理大臣、あるいは外務大臣だったとして、紛争区域に送り込まれた日本人が数十人単位で殺害されるといった事態が生じた時に、政治責任を負えると考えますか。」

「……」

「では国益って、いったい何なのでしょうか。」

「ですから、日本の平和と安全を……」

「いえ、平和と安全は分かりました。しかし、こうは考えられませんか？　この紛争は、そもそもどうして生じたのか。この紛争が生じることによって、誰かが得をしているということはないだろうか、と。」

「得、ですか？」

「えぇ、得、です。言い換えれば、経済的な利益といってもいいでしょう。少し残酷なことかもしれませんが、日本人の尊い人命が失われている陰で、実は利益を得ている勢力はいないのでしょうか。」

「でも、平和国家として生きてきた日本ですよね。そんなお金の勘定で、人命が動かされるなんて考えること自体、どうなんでしょうか。」

「ない、と言い切れますか？　例えば、ある国際紛争が生じた時、世界中のマーケットが分野ごとにどう動いているのか、チェックしたことはありますか？」

東京証券取引市場における平均株価の、今日の終値さえ言えない学生が大多数だ。ましてや彼ら・彼女らはフィナンシャル・タイムズやインターナショナル・ヘラルド・トリビューンに載っている、各国別マーケット一覧など見たことがあるはずがない。

ここまでの問答を経て、私はやおら語りはじめるのだ。第二章で「政経合体戦略」として記したことをである。——政治と経済は一体不可分であること、そして国家理性の外交判断においては、常に鏡の両面を見ながら行動しなければならないこと。

学生諸君はここまで聞いて、さらに二分される。「いったい、こいつは何を言ってるのか」と最後まで理解できない者たち。申し訳ないが、省としてはともかく、私個人の印象から言えば、彼ら・彼女らは「ノー・サンキュー」だ。

これに対し、目を輝かせ、前のめりになって聞いてくる学生たちもいる。彼・彼女たちは口をそろえて、「今日は本当に外務省に来てよかったと思いました」と言ってくれる。もちろん、面接されたという立場もあるのだろうが、その純粋な眼差しからは、大人びた「虚偽」は見てとれはしない気がした。

もっとも、優秀な彼・彼女たちが私の唱えている「政経合体戦略」を知らなかったとしても、責めるべきではないだろう。なぜなら、彼・彼女たちが育ってきたこの国＝日本自身が、長きにわたって、こうした真っ当なアプローチを阻むようにつくられ、維持されてきたのだから。

子供、そして若者というのは、純粋で真摯なほど、既存の世界の在り方に順応してしまうものだ。大学教育であっても、法学部あるいは経済学部、国際関係学部と縦割りになった制度のなかで、横を振り向くことすら許されず驀進してきた優等生たちを責めるべきではなかろう。

恐らく、民間企業における面接では全く逆の質問がなされてきたに違いない。そこでは「官」あるいは「政」は所与のものであり、相互にリンクしているものではなく、ある意味、度外視してよい「環境」なのだから。「政」の世界でも同じだ。「民」を助け、「官」を叩くことによって得点を稼ごうとする多くの議員、あるいはその卵たちの発想には、実は伝統的な「縦割り主義」の発想があることに本人たちは気付いていない。

しかし、こうして「縦割り主義」が、知らず知らずのうちに子供・若者たちへと伝達され、継承されていくなかで、オール・ジャパンとして日本社会全体が持つべき力はますます低減していっているのだ。そのことの一つの証左が、この章の冒頭で述べた対北朝鮮外交をめぐる制裁論議の中での霞ヶ関の光景にほかならない。もっとも、あくまでもそれは「氷山の一角」に過ぎないのだが。

何が問題なのか

確かに、セクショナリズムが（戦後）日本の「お家芸」だったという解釈が成り立たないわけではない。また、仮にそれが何らかの意味で、総じて効率的なものだったとすれば、外務省あるいは日本外交をめぐるセクショナリズムも、世間で言われるほどには問題はないのだという判断もあり得るだろう。

例えば、私が学生だった頃（十年余り前）には、バブルははじけたとはいえ、依然として日本には勢いがあり、日本の既存のシステムへの肯定的な評価が数多く聞かれた。その一つが、日本は「官僚的包括型多元主義」だという指摘である（猪口孝）。つまり、日本の政治経済体制は戦後、官僚主導であり、かつ市民を包括的に官庁の管轄下に置き、私的利益を官僚制の中に代表させようとする傾向があるというのだ。これが既存の役所の縦割り構造を基本としたとらえ方であることは言うまでもないが、猪口曰く、「多元主義」なのだという。

そこで市民は固定的な住みわけをすることなく、イシューごとに離合集散を繰り返すという意味で、多元的な意思決定がなされているというのである。こうして、縦割り主義をあくまでも基本としながらも、限定的ながら多元的、つまり「みんなの意見が取り入れられる」体制が日本には作られてきたということになる。

しかし、どこまで何をとって「多元主義的」かという点については、大いに異論があるだろう。直感的に見ても、役人の世界をはじめとして、終身雇用制が身の回りで動揺しはじめたのはつい最近のことであり、その意味で人々は既存の職場の枠組の中で思考し、働いている。企業単位で見ても、つい最近までグループや系列を破ることはご法度であった。

したがって、その意味で、私はこれまでの日本は、より端的にいって「官僚主導型包括主義」だったように思っている。そこでは、明確な権限にもとづいた分配の構図が前提となって、形だけの競争がセクショナリズムの範囲内で行なわれ、最後は「丸く収まる」のが前提となっている。

外交についても同じである。基本的に外壁があり、それを海の向こう側から守ってくれるからこそ、国内的にはその実、名目だけの神学論争にも似た議論（「護憲」対「改憲」等）に明け暮れる余裕があったのだ。そこには、政治と経済のダイナミズムを前提とした、「外側から利益を取ってくる」発想ではなく、「すでにある利益をいかにして守り、丸く収まるように中で分配するか」という発想が幅を利かせていた。パイが決まっているなかで「公平」な分配をするのであれば、前例踏襲をモットーとする官僚主義的な発想が最も適している。外交においてもまた、例えば「日米同盟はますます重要」とお経のように唱えていれば外交当局の高官は勤まったわけだ。

しかし、時代は明らかに変わった。グローバリゼーションというお題目の下、日本に対するこれまでの「庇護者」＝米国が事実上、日本の外壁を自ら取っ払い、そこに綿々と貯えられてきた

「富」に着目し、手を伸ばそうとする時、最も目につく現象は何だろうか。

それは、私の考えでは、ほかならぬ戦後日本の縦割り主義だ。日本外交が「政経合体戦略」への発想の転換を経ることができないくらいの電撃戦で、「縦割り」の組織・集団間に楔を徹底的に打ち込み、分断し、統治するのがそこでの基本戦略となる。

同様のことは、何もかつての「庇護者」＝米国についてだけ言えるのではない。近隣で日本の溢れる富にしっかりと狙いを定めている、北朝鮮との関係もこれまた然りだ。不穏な動きが出ると、すぐさま外交政策を決定する者たちの間のセクショナリズムを利用して、楔を打ってくる。

しかし発想として、そもそも子供の頃からセクショナリズムの中で育ってきた日本人には、何が問題なのか分からないのだ。同じ陣地で割れてしまっていることの愚かさを改める前に、物事がうまく転がらなくなった原因を国内の同輩たちへと転嫁する。こうして、外交をめぐる議論は常に国内でのバッシングへと発展し、大局的な外交判断のできない麻痺がますます続いてしまう。

それでは、そんな内憂を抱えた日本の現状、そしてそれにもとづく日本外交の混乱を正すには、いったいどうしたらいいのだろうか。こう考え、この本を書き始めた私の目に、先日ふと手にした、ある米国系有名経営コンサルティング会社（A社）のパンフレットの文言が目についた。

普通、企業は採用しようとする者に対し、「退職後」の絵姿を示すことはしないだろう。なぜなら、退職する者がいることを示すということは、企業自体が不十分な存在であることを自ら認めることになるからだ。体裁や恥を重んじる日本企業ではあり得ないことかもしれない。

しかし、世界に冠たる企業であるA社は、むしろ「退職者」がいることを明確に提示した上で、彼らが世の中のあちらこちらに散らばっていくことは好ましいと明言している。「あ、君もA社の出身か」と退社後に互いに連帯し、かつA社出身だから素晴らしいという評価を世間的に得られることが望ましいというのだ。現に、「平成維新」の陰の演出者や、某大型特殊法人の改革における「旗手」を輩出しているA社の評価は不動のものがある。

繰り返しになるが、これは日本の「常識」からいえば、意外な出来事だ。セクショナリズムを前提とした戦後の日本社会では、「こちらの砦」から落伍した者は「落ち武者」であり、「逃亡兵」である。温情で復帰を認めることはあっても、一度たりとも謀反を起こした者の帰参を認めることは絶対にあってはならない。――そう信じ込まされている。

例えば外務省においても、ここ近年、驚くべきほどの数の職員が離職している。しかも実感としていえば、いわゆるキャリア職員(外務公務員I種)の者であっても、次々に退職届を出しており、人事当局は慌てふためいていた節もあったと聞く。現に、この私も「辞めます」と手を挙げた時、人事当局に「キャリア職員で辞めたいと言っているのは今年に入って君で六人目だよ」と言われた。

彼ら・彼女らの多くが、退職時には一部の「寛大な幹部」を除き、総じて外務省側から非情な扱いを受けることになる。最初は慰留されても、結局は彼・彼女の心が戻ってこないとなると、もはや「異端」であり、二度と戻ってくるなといわんばかりの仕打ちを受けた者もいる。これなど、セクショナリズムの典型的な心理だろう。

だが、「脱藩者」に対してこうした厳しい紋切り型の対応を続けてきた結果、外務省ひとつとってても、世間からは全く孤立した存在となってしまっている。なぜなら、A社ではないが、その出身者が社内（省内）ではないところで評価を上げることこそ、実は当該会社（あるいは省庁）の世間から受ける評価を上げることにもつながるからだ。

ないしは逆のことも言えよう。いま仮に、強烈なネガティブキャンペーンがA社に対し展開されていたとする。しかしA社の外にいる人々にとって、A社に対する印象を決めるのは、実はA社から「卒業」した者たちなのかもしれないのだ。

すると結局は、A社の「卒業生」たちがどういう評価を新天地で受けており、かつ彼らがA社についてどう言っているのかが案外大きな意味合いを持ってくる。この時、ここでいうA社であれば、精神的な連帯としてその「卒業生」との間でネットワークがあるため、何も怖れることはない。なぜなら、多くの場合、「卒業生」たちはA社を弁護することはあっても、これを貶《おとし》め、利用しようとは思わないはずだからだ。

それでは外務省の場合はどうか。二〇〇一年一月に「発覚」した松尾元要人外国訪問支援室長の公金詐取事件を発端とした、いわゆる「外務省不祥事」のなかで、外務省を擁護し、あるいは第四章で述べたような情報開示の抱える対外的な問題点を公言する者は、実に一人もいなかった。

それどころか、「外務省ＯＢ」を名乗る人物たちは、嘆かわしいことに誰が本当の「敵」であるのかを見定めることなく、いたずらに組織としての外務省を徹底して貶め、糾弾した。私から言わせれば、およそそれほどの秘匿事項には触れ得ないポストで退職したような元職員であっても、「外務省」に関するエキスパートとして、我が物顔で印象論を垂れ流し、世間はこれに喝采するという日々が続いた。

もちろん、公金を不適正に取り扱っていたという事実は徹底的に糾弾されるべきであり、許してはならない。その意味で、外務省は引き続き再発防止に努める義務を負っている。そのことは、誰よりも長く二年余りも内部調査の役目を果たし、帳簿の一つ一つ、そして関係する職員の一人一人にインタビュー（任意の「事情聴取」）した経験のある私だからこそ、声高に言う権利と義務があるように思う。

だがそれと同時に、外務省を取り巻く一連の「不祥事」の中で、誰一人として、「外務省を貶めることが、結局は日本のセクショナリズムを露呈させ、それだけ日本社会の脆弱さを対外的にさらけ出すことになるのだ」という議論を述べる者はいなかったのだ。そして同様の図式は、世間で孤立している外務省ほどではないにせよ、警察組織、やがては最近の社会保険庁をめぐる「不祥事」で繰り返されてきている。

視点を外交の観点へとずらし、一歩でも外から物事を見た時、これほど危険な状況に日本が置かれたことはないと言っても過言ではないかもしれない。言い方を変えれば、セクショナリズムの残骸が堆《うずたか》く官庁と官庁、企業と企業、政党と政党、さらには「政」、「民」そして「官」の間に残っている今の日本ほど、外国から見て個別撃破しやすく、「御しやすい相手」はいないのかもしれないのだ。

その一方で、日本が外交場裏で相対する国々ではどうかといえば、たとえばA社のように官民を問わず「卒業生」がいるといった具合に、少なくともその国の社会でイニシアティブをとる者の間には強固な連携があるといった具合に、堅牢な人材ネットワークが顕著だ。

あるいは、これは滑稽にすら聞こえるかもしれないが、朝鮮労働党と外務省あるいは他の政府機関との間を、金正日の寵愛を受けた人間が行き来するのが北朝鮮であり、この独裁国家にも同様の意味で、皮肉にも日本よりはマシな人材ネットワークがあるとすらいえるかもしれないのだ(例えば、日朝実務者協議の北朝鮮側における立役者である宋日昊《ソンイルホ》外務省第四局日本担当副局長は、かつて朝鮮労働党の中堅党官僚であったと言われている)。

こうした広範なネットワークを、社会に、さらには国境をまたいで持っている国家群を相手にして、旧態依然としたセクショナリズムに則った行動に終始する日本人が立ち向かえるはずがない。そこには常に、個別撃破される危険性と、「この人・部署・企業は大丈夫」と思いこんで接触した相手先が、本当の「敵」とネットワーク上は直結していたという悲劇を生む。

攻めあぐねている間に、「国富の最大化」を目標とした諸外国が、御しやすい日本へと手を伸ばしてくる。もちろん、それは正面からの外交交渉という形で臨んでくることもあるだろうが、そんな「ガチンコ勝負」ばかりだと思ったら大間違いだ。

賢い国であれば、日本のセクショナリズムを巧みに利用し、第二章で述べた政経不可分の「政経合体戦略」の下、政・官・民のすべてにおいて、個別撃破と自らのネットワークへの取り込みを試みてくるだろう。ネットワークへの取り込みにおいて最も効果的なのが、「あなただけは特別だ」と甘言を弄することだ。「特別扱いされた」と勘違いした日本人は、同輩たちとのネットワークの構築などおよそ一顧だにせず、せっせと本当は「敵」であるネットワークを日本国内で充実させるべく、精を出すことになろう。

このような状況に置かれるなかで、日本は外交を展開できるのだろうか？——私の答えは明らかに「NO」だ。「敵」方のネットワーキングに加担しているものは、日本のセクショナリズムを助長し、温存しようとするであろうし、こうした構造が露呈しないように巧みに努力することだろう。

そして、日本外交の一挙手一投足が、こうしたネットワークを通じて、丸見えとなっている時、時に高度な秘匿を要する外交活動を展開することはほぼ不可能に近い。仮に、それでも活発な外交を展開するとするならば、日本の最高指導者があまりにも奇抜な考えの持ち主で、十全なネットワークをし、情報収集をし、影響力を行使したとしても、最後の最後は奇をてらった政策が選択される場合だけだろう。これが残念ながら日本の外交政策をめぐる現状にほかならない。

日本に人的ネットワークを創り上げよ

それでは、日本に本当の「外交」を可能とするために、人的ネットワークを創りあげるとして、いったい何が必要なのだろうか。

この観点から「優等生」である米国を見る時、極めて単純化して言えば、切り口は定番の「人種問題」を別とすれば、四つあるように私は思う。一つは軍隊であり、二つ目は宗教、三番目が高等教育、そして四番目が経済優位の発想である。以下、日本について打開策を考える前に、これら四つの要素についてざっと見ておくことにしよう。

一つ目は軍隊の存在について。米国では以前、徴兵制が施行されていた。その意味で、軍隊への所属は貴賤を問わず市民にとっての「共通体験」であり、そこで過酷な体験を経れば経るほど、関係者の間で連帯感が高まるのは当然である。

実際、これは四番目の「経済優位の発想」と表裏一体をなす出来事なのであるが、現在は民間人として平服を着ている政府高官であっても、実は昨日まで陸海空軍のいずれかで活躍していた人物というのが少なくない。そして、その者の下には、かつての上官部下の関係にある人脈がぞろぞろと連なり、そのまま任用されているのだ。

このことは、憲法第九条との関係で依然として「鬼っ子」扱いを一部では受けている、日本の自衛隊をめぐる状況とは大きく異なっている。それだけに、日本人にとって、この軍部をめぐるネットワークは見えにくく、また直感的には理解しづらいものだろう。

しかし、例えば戦前の日本における軍部の役割を想起すれば、案外、私たちにとってもこのことは理解できることかもしれないのだ。米国は、本土が焦土と化すという意味での、徹底した敗戦を一度も経験したことのない超大国だ。そこでの軍隊の地位、とりわけ白兵戦で血を流す確率が高い陸軍が持つ影響力は、かつて戦前に日本の街を軍服・軍刀で闊歩していた青年将校たちのことを思い起こせば想像がつく。

第二に宗教については、そもそも米国という国家そのものが、ヨーロッパからの新教徒の集団移住という歴史を背負っていることからも分かるとおり、米国における人的ネットワークを探る鍵である。信教の自由にもとづいて活動している敬虔な宗徒たちの結束力がいかに強いかは、日本の大規模な新興宗教集団、あるいは伝統的な仏教集団等の結束力と影響力の強さを想起すれば理解できるだろう。

ところが、この点についても、日本人はついつい「米国人」というレッテルと偏見の下、見過ごしてしまってはいないだろうか。最近になってようやく、いわゆる「ネオコン」人脈がユダヤ系であるといった形でこの論点が取り沙汰されているが、それを言えば、キリスト教であっても各種の宗派が入り交じっているのが実体なのだ。それぞれがそれぞれに強固で強力な人的ネットワークを持っている米国の現状を見る時には、あくまでも冷静かつ客観的な考察が必要だ。

第三に高等教育、とりわけ「エリート校」であるアイビーリーグ等を見れば、そこでいかにして初級段階から「愛校精神」を持つことが求められるかが分かるだろう。今の日本で「ウチの会社は東京大学の卒業生しか採用しません」と公言したら、相当な大騒ぎになるかもしれない。しかし、「ハーバードないしタフツの卒業生しか採用しない」といった企業が、米国では案外多い。

激しい学内競争があるからこそ、自然と同窓意識が高まることは、ぬるま湯でありモラトリアムに過ぎない日本の大学との比較で容易に想像がつく。東京であえて比較していえば、早稲田大学や慶應義塾大学が、これに匹敵する「同窓意識」を持っている卒業生を輩出しているのかもしれないが、そのことが持つ社会的あるいは世界的な影響力は米国の比ではなかろう。

第四に、経済優先の発想がある。「国富の最大化」を大前提に行動する時、政経不即不離なのであるから、おのずから軍・政・官・民は結託して経済関連情報をネットワーキングでシェアしようとする。なぜなら、個別に情報収集をするよりも、これまで述べた三つのネットワークを前提としつつ、そこに「経済的利潤の極大化」という魂を流し込むことで、一つのより大きなネットワークを創りあげた方が、スピードを旨とする経済情報は集まりやすいからだ。

このことを背景として、米国社会においてイニシアティブをとる者たちの間には、通称「リボルビング・ドアー（revloving door）」と言われる柔軟な労働市場が存在している。つまり、役所の中堅幹部以上が政治任用であることを前提として、軍・民を問わず、そこに任用される人材は、任用されていない時にはシンクタンク、あるいは大学やウォール・ストリートなどで吸収される仕組みに事実上なっているのだ。

こうした形で、片道切符のセクショナリズムを超えたところに「失職しても勤め口はある」というセーフティーネットがあることで、海の向こう側の俊英たちは思う存分、斬新なアイデアで政策運営ができるというわけだ。北朝鮮外交に携わるなかで、カウンターパートとなる米国側の政府職員に、実際にこうした人物が多々いたことは事実だ。

もちろん、こうした米国の現状を手放しで受け入れよと私は言いたいのではない。軍部のネットワークは秘匿度が高い場合が多く、民意との関係で問題が生じないか疑問なしとはしない。また宗教上のネットワークについても、公益とプライバシーの相克のなかで、どこまで対外的に公開され、説明責任を負うものであるのかも不明確だ。

高等教育についても、所得格差が日本以上にあるのが米国の現実であり、どこまで子供たちに均等に機会があるかは不鮮明だ。また経済優位の発想は、「国富を極大化させた後に何をするのか」という哲学命題を、忘却の彼方に追いやってしまう危険性もある。

しかし、少なくとも現下の日本外交にとって最大の課題が「米国」問題であり、そのことが持つ重みが見渡せる限りの将来では変わらないのであるとしたら、やはり日本についてもこの四つの観点から、対比的なネットワークが可能かどうかを検討せねばならない。するとどうなるだろうか。

日本において、「鬼っ子」のように扱われている自衛隊との関係で、米軍OBが持っているような強固かつ一般的なネットワーク形成の役割を期待するのは、事実上不可能だろう。このことは、たとえ憲法改正を行なって、自衛隊の国法上のステータスが移動することがあっても同じであろう。過去の「軍国主義」に対する嫌悪感はそれほどまでに根強いものなのだ。

他方、宗教についてはどうかといえば、明治維新の当初、元勲・伊藤博文が「国教」としての神道を再発見したことから分かるように、基本的には一般的なネットワークの起源とすることは難しい。もちろん事実上のネットワークとして、すでに強大な勢力を持っている宗教団体の意味合いを認めないわけにはいかない。しかし、だからといって、信仰していない者に対してまで信仰を強制することはできないという意味において、日本では宗教は広くネットワークを展開する鍵になり得ないのではないだろうか。

これに対し、第三と第四の論点については、あるいは日本において、さらに為すべきことがあるのかもしれないと私は考えている。

すなわち日本で、大学が社会的にアクティブな存在としていまだその地位を確立していないのは、大学自体というよりも、その卒業生たちが、大学を中心としたネットワークを形成していないことによるところが大きいのではなかろうか。もちろん、すでに述べたとおり、一部の例外はあるが、大抵の場合、大学とは激しい受験勉強を終えた勝者たちが、しばし羽根を休める場所になりさがっている。

なぜこのようなシステムが存続し得たのかといえば、セクショナリズムにもとづき、縦割りに区分された企業の中に日本人が一度入れば、徹底した職業教育を施される機会を得てきたからにほかならない。そこでは、堀の「内」と「外」を分けるため、企業ごとにエートスと（時に秘伝の）技術が伝授されてきた。

しかし、セクショナリズムを取っ払ったところでは、すでにある程度の労働力として、大学卒業後、初期段階から労働市場に投入されることが前提とされる。なぜなら、かつてのように垣根の内と外を区別することに労力を割くことなく、むしろ純粋にマーケットにおける利潤の極大化のために、当該人材がそもそも役に立つのかどうかだけが見られることになるからだ。

その結果、一方において特に高等教育において、これまで以上に専門性が求められることになる。いわゆる大学の大学院化は、基本的にこの方向性に馴染むものとして支持すべきものなのであろう。

だが同時に、「専門馬鹿」を再生産することに堕してしまう高等教育機関も存在意義を失ってしまうものだ。縦割り主義の向こう側で、オールマイティーに活躍できる人材が求められるのであるから、それなりの共通の分厚い素地の習得が、集中的になされていることが前提条件となる。

教養学部の廃止など、これまで「大学改革」の大号令の下にとられてきた一連の措置は、実はこれに逆行するものではなかったのか。

いずれにせよ、高等教育機関自身、先ほどのA社ではないが、そこから輩出される卒業生たちの評価によってそれ自体の評価が変わることになるわけなので、最終的には「世間の風」をよく知っている民間人との人材交流に踏み切らざるを得なくなるだろう。このように、セクショナリズムの弊害を取っ払ったところには、学生のみならず、大学で教鞭をとり、あるいは経営を行なう側においても人材ネットワークへの接合が必然となってくるのだ。こうして生き残った高等教育機関だけが、高い評価を得ることとなり、卒業生にとっても誇るべき「場」としての権威を維持することができる。そして、その校章という抽象的な象徴の下に、一つの大きなネットワークが形成されていくというわけなのである。

他方で、こうした「つぶしの利く人材」が高等教育機関から続々輩出されるようになると、現にどこでも高いパフォーマンスを示すことのできる者たちは、それに見合った報酬とやりがいを求めてくる。ここに、縦割りで区切られた企業ごとに逼塞した状況の中、残業を続ける「社畜」とは異なる、フリーエージェントとしての新しい市民階層が発生する可能性がある。

彼らの基点はあくまでも「自分」であり、いかなる組織にも一〇〇パーセント帰属感を抱いているわけではない。縦割りではなく、むしろ(経済)「情報」を血脈としたネットワークを相互に取り結ぶことによって、個人としての遣り甲斐と満足感、そして経済的報酬を求め「最適化行動」をとるようになる。そして、それに対応した労働市場の整備が求められることになるだろう。具体的には、フリーエージェントとは民法上の「請負契約」にもとづくものであり（民法第六三二条以下）、労働契約に比べて、法的な保護の度合いが少ない。社会保障等の関連する制度の整備はまだまだである。

確かにこれらは立法が前提となる措置であって、実現には社会における大きな意味でのコンセンサスが必要となる。しかし、結局はセクショナリズムが国益を害し、まさに市民一人一人の草の根レベルで自己実現とネットワークの構築に励むことが、ひいては日本の「外交能力」の向上につながるのだという共通認識が定着するのであれば、本当はさして難しい作業ではないのかもしれないのだ。

その一方で、こうした本当の意味での日本社会の「改革」の実現困難性だけを説き、その意味を軽視、ないし無視する勢力がいるのであれば、それは日本外交にとっての真の「抵抗勢力」である。また、こうして徹底したグランドデザインを国家全体について示すことなく、いたずらに「改革」の雄叫びを空しく繰り返すものも、フェイク（まがい物）である危険性が高い。

このように日本外交の本当の再生には、まずは国内において、戦後日本社会が当然視してきたセクショナリズムの排除が必要なのだ。そして、その鍵となるのが、他からは手を突っ込まれることのない、同時に攻めのための強固な「人的ネットワーク」の構築なのである。

再び「つながる」ために

読者の方々も、きっと、親子面談などの場で、学校の担任が自分の親に対し、次のように言うのを聞いたことがあるのではないだろうか。「◎◎ちゃんは、とっても良い子なんですが、一人でしっかりできるかというとそうではないんですよ。いつも皆と一緒にいまして。個性がちゃんと育たなければ。」

初等教育でのこうした指摘に始まり、最後は墓場に行くまで、戦後日本に生きてきた人の評価には「個人としての自立度」という指標が暗黙のうちについてまわる。戦前の「臣民教育」が、上意下達の社会をいち早く形成するために従順な「臣民」の再生産を目標とした結果、あのような悲劇的な軍国主義を生んだという発想がその背景にはある。

自立した個人像がイコンのように崇められ、集団主義的なものは、特定のイデオロギーにもとづかない限り、徹底して排斥され、忘れられた。あるいは因習として忌み嫌われ、土蔵の奥深くに隠蔽された。近代合理主義の延長線上に「個人」を説いた戦後民主主義の「宣教師」たちが（その多くの者が実はキリスト者であったことも事実）、当時の日本によかれと思って行動したことを私は心から信じている。しかし、結果はどうなのか。

戦後日本においては、実際には、セクショナリズムが世の中のあらゆる分野ではびこり、またその中で人々は安住することが当然と考えた。「政」「官」「民」のいずれの分野においても、群雄割拠状態があえて温存され、そこで繰り広げられる偽りの「競争ごっこ」において、人々は「自己」を競いあい、上辺だけの「個人主義」を見せつけ合った。

しかし、その結果、戦後六十年を経てどうなっただろうか。――これまでこの章で見てきたとおり、世界の「勝ち組」が逆説的にも人的ネットワークによって「総力戦」に臨んできており、蛸壺に入って防戦ばかりの日本人は本当に不甲斐ない。

そんな不甲斐ない日本人が展開する日本外交なのだから、所期の目標を高く設定し、それを達成することなど、どだい不可能なのだ。北朝鮮、中国、イラク、FTA、国連改革等など、現在の日本外交が直面する課題を総覧するにつけ、そこには共通した原因として、国内外における人的ネットワークの欠如が浮かび上がってくる。

もちろん、ただただ経済的な利益だけのためにつながっていればよいというものではない。日本外交が再生するためには、日本社会が根底から構造変革を遂げることが必要であり、その意味で新たに意識的につくられるべき人的ネットワークは、「未来の日本のために」を合い言葉としなければならない。

また、この章の前半で述べた人事院の失敗例ではないが、箱モノをつくればそれで話は済むという代物でもない。むしろ人的ネットワークの強みは、そうした目に見える形でなくとも存在し、どこでも浸蝕し、拡充していくところにある。魂を磨く時、それに制度という形を与えた途端、今度は安逸がはびこり、その魂は輝くことをやめてしまう。必要なのは不断の問題意識であり、「未来の日本のために」という共通感覚なのだ。

その意味で、日本外交の内なる防塁であり、外への手段でもある人的ネットワークの根幹には、この「未来の日本のために」という共通感覚だけがあればよいのかもしれない。これまで米国に範をとり、軍隊、宗教、教育、経済といったネットワーキングの「種」を取り上げてきたが、実際にはそんな仕掛けはなくとも、人は互いに手を結ぶかもしれないのだ。

私自身、そんな思いもあって、外務省不祥事の経験をきっかけとして、人的ネットワークの試みを続けている（「同世代異業種人材インキュベーター」http://www.70nen.com）。そこでの活動の詳細については別の著書（『サイレント・クレヴァーズ　30代が日本を変える』中公新書ラクレを参照願いたい）で記したので割愛したいが、この活動を通じ、実に多くの人たちが同じような疑問を抱き、苦しみながらも、解を得ていないことを知るようになった。

日本外交は、日本の今を克明に映す「鏡」だ。日本という国家そのものの能力を超えたところに、日本外交の成果を求めることはできない。そして、この章で見てきたとおり、明治維新以来の残滓を引きずりながら、戦後日本を担ってきた社会の成り立ちそのものが、日本社会のさらなる成長を阻んでいる。「セクショナリズム」という、あらゆる構造を超えた不文律は徹底して排除されなければならないし、それに安住していた私たちの安逸な感覚も捨て去らなければならない。

このように、日本外交を本当の意味で再建するには、日本という国家全体の在り方を総点検し、これまで独断と偏見によって信奉してきたものを勇気をもって捨てなければならない。これは大変な作業であり、高度に政治的な意思を必要とする。悪評の高い団体だけを解体したり、あるいは規制をちょこちょこと解除したりするだけでは済まないのだ。これはあくまでも日本という国家と私たちの社会が持つべき「意思」の問題であり、「生き方」や「哲学」の問題なのだ。

この意味で、日本外交が八方ふさがりになっている今ほど、本当にリーダーシップが求められている時はない。責任あるリーダーシップが、明確な価値判断を行なう時、はじめて道は開け、人々がつくるネットワークの真価が発揮されることで、日本の底力が試されることになるだろう。対北朝鮮制裁法の制定に黙々と関与した物言わぬ国家官僚の一員だった者として、そして、責任ある市民の一人として、私自身、そのための思考を続けていこうと思う。

合い言葉は――「未来の日本のために」だ。

大同江《テドンガン》の夕陽の彼方に――「結び」に代えて

二〇〇四年十一月九日午後二時過ぎ。私たち、日本政府代表団一行十九名を乗せた高麗航空（AIR KORYO）北京発平壌便は、厚い雲の隙間を突っ切るように一気に降下をし始めた。北京を出てすでに小一時間が経過している。すし詰めの機内でとった機内食が口に合わず、ついつい気分が沈みかけた私の目は、雲海の下に広がる光景に釘付けとなった。

赤茶けた土地。ところどころ、松の木だろうか、申し訳程度に生えている荒涼とした風景の連続。痩せた大地が、この「国」が置かれた状況の厳しさを否応なしに物語る。遂に「あの国」の真ん中に突っ込もうとしているのだと思うと、背筋に緊張感が走った。

やがて轟音とともに、私たちを乗せた高麗航空機は、ほかにいっさい飛行機がとまっていないかのように見えるこの国唯一の国際空港、平壌・順安《スナン》空港へと着陸する。相変わらずの荒涼とした風景の連続。鉄条網の向こう側を、人民服を着た老人がとぼとぼと歩いている。

金日成の肖像画が高々と掲げられたエアターミナルの真正面で、機体が不意に停まった。タクシング、終了。

外の気温は冷たいだろうに、すし詰めなせいか、すっかり汗ばんだ私たちがようやく解放されるまで十分かかった。すぐそこに見えるＶＩＰルーム入口まで、あえて送迎バスが出されている。「歩いていけるじゃないか」と隣の団員がうらめしそうに呟く。しかし、それがルールなのだ、この「国」では。

タラップの上からふと見ると、「北」側のいつもの面々が、ＶＩＰルーム入口からぼちぼち出てきては、こちらを見つめている。笑顔の向こう側に、一体、どんな計算と謀略があるのか決して分からない人々。

やがて、私たちを乗せた構内バスはゆっくりと走り出し、一分もたたない間にＶＩＰルーム入口の下に到着する。藪中団長以下、コートの襟をたてながら、ゆっくりと「彼ら」の下へと進んでいく。代表団の誰もがロダンの「カレーの市民」さながらに、巨大な鍵を持った男と同じような厳しい表情をしている。

これが塗炭の苦しみの始まりかもしれない、そんな漠然とした不安が漂う。だが、そんなことはお構いなしに、出迎えに出た宋日昊外務省第四局日本担当副局長が、満面の笑みで言う。――「ようこそ。」安否が不明な日本人拉致被害者十名の消息を最大のテーマとした、第三回日朝実務者協議は、こうしてその幕が静かに切って落とされた。

高まる私たちの意気込み。それにもかかわらず、この協議の結果、結局、北朝鮮側は二〇〇二年九月末に行なった「調査結果」と同じ説明を繰り返したことは、すでに読者の方々も御存知のとおりだ。

私はその時、祈るような気持ちで交渉のテーブルにいた。

「八名は死亡、二名は入境せず。」淡々と「再調査結果」を述べる北朝鮮側調査委員会担当者の無表情さが、今でも決して忘れられない。

初っ端から、「不幸の手紙」を再び渡された私たちに、為す術はといえば、微に入り細にわたる質問を繰り返すしかなかった。「相手の論理的矛盾をついて、真実が顔を出すまで粘り強く待て。」そう念じつつ、団長以下、場合によっては徹夜に近い現地での作業に耐えながら、私たちは真実の女神が顔を覗かせるのをひたすら待った。

十一月初旬とはいえ、大陸性の気候が覆う北朝鮮はすでに寒い。テーブルでの度重なる応酬と、北朝鮮側が連れてきた「証人」に対する事情聴取の合間に、二度ほど郊外の関連施設へと出かける。遅々としてその美顔を見せない真実の女神に、もはや期待や希望ではなく、怒りすら感じはじめた私たち。そのやり場のないストレスを、冷えきった北朝鮮の風がほんのわずかだけ慰めてくれた。

本当は真実を知らない日朝外交の表の立役者たち
(写真提供：AP/WWP)

――「落ち着いて。落ち着いて。」そう言ってくれているかのようだ。

やがて、バスはかつて拉致被害者が生活していたという「招待所」へと到達する。開かれた大通りから脇にそれ、鬱蒼とした森の中へと入っていく山道。バスの運転手が巧みにハンドルを操り、私たちのマイクロバスは小道を駆け上っていく。

「ここですよ。」案内人が主観とも客観ともいえない微笑みとともに私たちに声をかけてくる。そう、そこが私たちが何度となく写真で顔を見つめた、「彼ら」と「彼女ら」の住処だった場所なのだ。荒涼とした土地に広がる森は、そこへ行く者に癒しを与えてくれる。だが、「ここがまさにその場所だ」と思った瞬間、すべてのポジティブな感傷がディリート（消去）されてしまう。もはや誰も住んでいないという「招待所」の群れ。だが、確かに昔、「誰か」が住んでいたという場所なのだ、ここは。そう、私たちはようやく「その場所」へと辿り着くことができたのである。ふと振り返ると、荒涼とした大地の遥か彼方に、大きな夕陽がひっそりと沈もうとしている。「そろそろ帰りましょう」と声をかけてくる背の高い案内人の目には入らないようにして、私はコートの端を握り締め、涙をこらえた。

あの夕陽、そしてこの森。この夕陽を見ながら、「彼ら」と「彼女ら」は何度涙を流したことだろう。決して来ることはなかった同胞たちの救いの手を待ちわび、ある者は気も狂わんばかりにあの夕陽に向かって叫んだかもしれない。何事もなかったかのように陽が沈んでいく日常の中で、消え行きかける「祖国」の思い出を必死にとどめながら、ひたすら「生き残る」ことだけに執着する毎日だったのかもしれない。

追い立てられるようにバスに乗り込み、やがて車は、この街を横切る大河、大同江《テドンガン》へとさしかかる。川面に映える夕日が眩しい。その眩しさに、瞼を閉じて、私は祈るように呟いた。「ごめんなさい。あの夕陽を越えて、やっと私たちはあなたたちの下へとやってきました」、と。

＊　＊　＊

この本に私が書いてきたことは、巷によく溢れているような「外交」を食い扶持とした無責任な評論ではない。また、「ではどうするのか」には決して結びつくことのない、無責任な「文芸評論家」たちが吐く感情剝き出しの憂国論でもない。

この本に記した、日本という国が本当の「国家」として外交を展開するために必要な五つのアプローチは、そのいずれ

「戦利品」はたった数枚の写真とニセ物の「遺骨」だけ（写真提供：AP/WWP）

もが十二年の間、外交の最前線に立ってきた私の経験と深い反省にもとづいている。そして、その「反省」、いや悔悟の念は、北朝鮮問題のコアである日本人拉致問題について語る時、クライマックスを迎えることになる。

「なぜ、日本はこれほどまでの長期にわたり、北朝鮮による拉致を国として直接認識していなかったのか。」「仮に認識していたとしても、どうして彼らを連れ戻すことができなかったのか。」

「招待所」のある小高い丘から見た夕陽、そして大同江の川面に映る夕陽を思い出す時、私はとりわけ、横田めぐみさんに思いを馳せることを禁じ得なかった。

「横田めぐみさんは、九四年四月十三日、入院先で自殺をはかり、死亡しました。」淡々と、しかし何の詫びもなく、二年前とは打って変わった説明を読み上げる北朝鮮側実務担当者の目を見ながら、私は一人の日本人外交官、いや、日本社会に生きる一人の市民として、深い衝撃を受け、怒りを覚えた。

確かに、「拉致そのもの」はもっと以前の出来事だったのかもしれない。だが、私が外務省に入省したのは九三年である。

北朝鮮側の「説明」について、日本政府は昨年（平成十六年）十二月二十四日に公表した報告書（「安否不明の拉致被害者に関する再調査（北朝鮮から提示された情報・物証の精査結果）」）において、「北朝鮮側の『結論』は客観的に立証されておらず、我が方としては全く受け入れられない。」と断じた。しかし、そうであっても北朝鮮側との間で少なくとも九四年三月まで横田めぐみさんは「生きていた」という点で認識に齟齬はない。

するとと私は、望郷の念を人一倍持っていたに違いない横田めぐみさんと「同じ時の流れ」のなかで、日本国外務省に勤務していたことになる。いったい私は、何をしていたのか。なぜ、何もできなかったのか。

十年前と変わらぬ夕陽は、今日までいったい何回、大同江に沈んでいったことだろうか。そして、どうして横田めぐみさんの流した「涙」は、私たち日本人外交官の手であの頃、受け止めることができなかったのか。

横田めぐみさんに限らず、前代未聞の国家的犯罪である「北朝鮮による日本人拉致問題」を思い、一外交官であった者として悔悟の念を禁じ得ない私にとって、この本はある意味、懺悔の書だ。つまりこの本で、「本当の外務省」、そして日本外交、さらには日本という国の在り方そのものについて書くことによって、少しでも自らの贖罪になればと思っている。そのため、この本では、五つの「アプローチ」を紹介した。

仮に、私がいう「情報（インテリジェンス）力」がそもそも日本外交の一つの柱として真剣に取り上げられていたならば、拉致問題をめぐる真相究明の動きは一変していたに違いない。国際場裏で死活的な意味合いを持つ「情報」について、日本外交は文字どおり丸腰だ。

「いったい、誰が拉致されたのか。」

「誰が拉致をしたのか。」

「拉致された日本人は、どこで何をさせられたのか。」

そして、——「果たして、拉致被害者は生きているのか。」

拉致問題について、真相究明を北朝鮮側に詰め寄り、本当の答えを彼らから引き出すためには、時に真実を「情報」として彼の地から直接奪取してくることが必要だ。その際、それはいかなる第三者であっても善意はあり得ないという基本に立って、あくまでも日本が自分自身で確信を持てる「情報」を持っていなければ話は始まらない。

だがいまの日本外交に、そんな発想は全くない。あるものといえば、だらだらと似非論理的な思考を展開し、北朝鮮側に質問表をぶつけては、彼らのぶっきらぼうな「回答」と嘲笑を受け続けることに対する無邪気な忍耐心だけだ。

これでは、拉致問題は解決しない。


また、そもそも「なぜ、拉致問題を解決するのか」という点について、この問題だけを感情的にとらえ、バッシングと中傷を繰り返す議論のみが横行しているのが日本の現状だ。そこには、第二章で私が記した「政経合体戦略」に匹敵する発想は微塵もない。

確かに、一国の外交は世論の感情的な後押しによって、どの方向へも向かい、いかようにもなる。その意味で、拉致された被害者の年老いた肉親たちの涙に共感し、怒りの拳を振り上げること、そのこと自体は外交にとって原動力であるとも言える。

だがこのことは同時に、そうした「感情」が直接の被害者とその肉親以外にとっては、やがて過ぎ去ってしまう代物でもあるということをも意味している。人の気持ちは移ろいやすい。俗に、人の噂も七十五日というが、「噂話」を超えて、日本社会全体として持続し、一貫した外交政策へつなげていくには、おのずから「なぜ拉致問題に取り組むべきなのか」についての、一過性でない合理的な発想が必要となる。

ところが、こうした発想が完全に欠如してしまっている日本の外交は、結局は世論がどれくらい怒っているのかという直感的な議論だけで、風見鶏のようにころころと姿勢を変える。またその一方で、この拉致問題を「食い扶持」にしようとする輩も現われているのが現実で、問題解決の糸口が仮に見出されても、それをもみ消さんばかりの怒号が飛び交うことがままある。

こうした日本外交の実状を乗り越えるためには、例えば拉致問題について考える時であっても、まずはより広く、「北朝鮮問題」全体にどう対処すべきなのかというトータルな発想が必要となる。そしてそれは、いたずらに危機的な政治・安全保障上の現象だけを追いかけるものではなく、あくまでも外交は国富の極大化に仕えるものであるという観点から、政治・経済の両面にわたって目を配るものでなければならない。

さらにいえば、この「トータルな発想」では、個別の地域的問題だけではなく、世界中のあらゆる地域・国家を対象とした外交政策がリンクされなければならない。なぜなら、富は常に世界のどこかに集積しているからだ。すべての地域に目を配り、綿密な計算の下、外交政策の全体のポートフォリオが絶えず更新されなければならない。

第三に、ただでさえ閉鎖的な北朝鮮という「国家」を相手とする時、「言論の自由」の御旗の下、メディアが自由に闊歩する日本社会で、いかにメディアに接するかには死活的な意味がある。拉致問題についても全く同様だ。

ところが日本外交には、意識的につくられたメディア・アプローチがない。メディアはいってみれば、閉鎖的な北朝鮮との間において、時たま情報が流れる間欠泉というような意味合いもある。時に邦人メディアは、先方の招待を受けて、「極秘裏」に北朝鮮へと入境する。

しかし、そもそも日本としてどうしたいのかという、はっきりとしたコンセプトがないまま邦人メディアは北朝鮮へと入るため、北朝鮮のプロパガンダをそのまま日本国内に持ち帰ることになる。外交当局は大抵の場合、後づけでその事実を知るが、メディアとの関係で立ち位置が定まっていないので、垂れ流しを放任せざるを得ない。

その結果、「拉致被害者は全員死亡した」といった大本営発表が、そのまま「言論の自由」が保障される日本では繰り返し垂れ流されることになる。世論の怒りは倍増し、やがて批判は、本来は味方の最たるものであるはずの政府へと向かい、議論は常に内向きなものとなる。大同江の夕陽を見て望郷の涙を流す拉致被害者には、残された時間は少ないにもかかわらず、だ。

第四に、エージェント・アプローチを正式に認知していない日本外交では、ひょんなことから拉致被害者の「生存」情報が入ってきても、それを確認し、場合によっては被害者本人を極秘裏に奪還する術を知らない。情報確認だけであればインテリジェンス・アプローチの欠如と重なる話であるが、そこで得られた情報にもとづいて、時に相手国の喉元にまで突きつけられるような「刃」をどこまで持っているのかというと、極めて怪しいものがある。

二十世紀に入り、大衆民主主義の世の中となってから、欧米を中心として、「秘密外交」が禁忌され、やがて世界は「情報公開」の時代を迎えたかのように見える。だが、そのことは外交が結局は結果責任に終始する分野であることを変えてしまうものではないのだ。

それなのに日本外交はといえば、「秘密」に動けないことがイコール、結果を突き詰めて求めずとも世論が諦めてくれることにつながるとばかりに、そのことに胡座《あぐら》をかいてしまっている。最近も江畑謙介氏が嘆かれているが（『情報と国家　収集・分析・評価の落とし穴』講談社現代新書）、日本ほどの規模の国で、表の「外交」をサポートするための裏の世界、すなわちエージェント・アプローチを持たない国は世界に類例を見ない。

考えようによっては、例えば拉致問題をはじめとして、北朝鮮については、歴史上、日本ほどアグレッシブなアプローチをとることが理論的に可能な国はないのだ。「帰国」した在日朝鮮人、その妻として彼の地で塗炭の苦しみを味わっている日本人妻たち。あるいは彼らと何らかの関わりを持っている高官を含む住民たち。――日本が北朝鮮との関係でエージェント・アプローチを展開する余地は、戦前の例を見るまでもなく広大だ。

昨年（二〇〇四年）十二月二十四日に政府が公表した先ほどの「報告書」の中でも、次のような下りがある。

「今次協議（十一月九日〜十四日に平壌で開催された第三回日朝実務者協議——引用者注）に際して、北朝鮮側は、拉致に関する文書は『特殊機関』が一切焼却したと説明し、また、我が方からの種々の質問・要求に対しても、『特殊機関』の関与した事案であるとして満足な説明を行わない、あるいは現役の『特殊機関』関係者であるので面会は実現出来ないとするなど、『特殊機関』の存在が真相究明にとって大きな障害となっていることが明らかとなった。」

北朝鮮の最高権力者である金正日国防委員会委員長の下に、いかなる「特殊機関」「工作機関」があるのかについて、北朝鮮自身が対外公表したことはもちろんない。しかし一般に、対外諜報にあたるこうした機関としては、朝鮮労働党傘下にある「対外連絡部」「統一戦線部」「三十五号室」「作戦部」、あるいは朝鮮人民軍傘下の「総参謀偵察局」が存在していると考えられている。

これらは、外交という「表」の世界との比較で言うならば「裏」の世界にあたる。表には表のしきたりがあるとおり、裏には裏のルールがある。そうである以上、表からどんなに叫んでも、扉の向こう側にある裏の世界の「真実」が当然出てくるものではないのだ。

「では、日本も『裏』の世界、すなわち単なる情報収集だけではなく、手足となって本当に動く対外諜報・工作機関を創るべきではないか。」ここまで読まれた読者の方々はそう思われるに違いない。ところが、我こそは日本の「世論」の代弁者だとばかりに、声高に対北朝鮮強硬論を叫ぶ論者たちは、そちらの方向に議論を進めようとは全くしないのが現状だ。

彼ら・彼女らはむしろ、あくまでも「表」から「裏」を引きずり出そうと、急ごしらえで制定した「経済制裁法」の発動を求め、政府、とりわけ「表」の世界の住人に過ぎない外交当局の「無策」をなじる。

だが、こうした「表」と「裏」を敢えて無視した議論こそ、「無策」なのではなかろうか。民主主義と自由主義を信奉する国であっても、いや、そうであるからこそ、「裏」の世界にも対応できる国家機関を備えているのが国際社会の常識だ。「拉致問題」はこの常識に沿って解決法が見出されなければならない。

そうであるにもかかわらず、こうした「常識」を無視し、いたずらに「世論」を怒らせる方向へと議論を展開しようとする者がこの国には大勢いる。外交の現場から見ると、率直に言うとそこには、日本を混乱させ、拉致問題の解決をあえて遅らせようとする意図を感じざるを得ないのである。「表」の世界にある日本外交を本当に活用するためにも、「裏」の世界への入口となる情報・工作機関が、私たちの国にも必要なのだ。そのことを、この本で言う「情報（インテリジェンス）力」、そして「エージェント・アプローチ」ははっきりと指し示している。

また「拉致問題」ひとつとっても、「政経合体戦略」を立て、求めるべきものに狙いを定めて迅速に動かなければならないのに、この国＝日本の「世論」はさまざまな形で割れてしまうことが多い。だが、外交とは結局は総力戦の延長線上にあるものであり、縦割りの面子や経緯論とは無縁のものだ。

ネットワーク・アプローチを知らない日本社会では、そんなことには誰も気付かない、あるいは気付いていても意識化できないような刷り込みが日々なされてしまっている。そして、「本当の敵」が国境の向こう側にいる時に内部分裂といがみ合いが続き、その透き間に楔が外から打ち込まれ、オール・ジャパンにもとづく日本外交の展開は夢のまた夢となる。

このような現状を乗り越えるには、やはり国の根本的な目標を、いま一度確認するとともに、それに見合った教育システムや、労働市場の整備をはからねばならない。つまり、有意な人材は政・官・財を問わず全体のために活用され、かつそれが各人の自己実現と直結するようになるための体制と意識を整える必要があるのだ。

その時、日本外交の立役者である外務省職員たちの資質も極めて厳格に精査されなければならないことはいうまでもない。そのことがいかに喫緊の課題であるかは、第一期ブッシュ政権の下で北朝鮮問題というと常に顔を出してきた次の三人の米政府高官の「略歴」を見れば、おのずから明らかではないだろうか。

●A氏（国防総省高官）

一九七〇年代前半より一九八〇年代後半まで、中央情報局職員としてワシントン、極東、欧州に駐在。

退官後、米国の対アジア投資顧問会社を共同設立し、同社幹部を歴任。同時に、ボストンにインターネット技術開発会社を設立し、その幹部も歴任。

●B氏（国務省高官）
海軍兵学校とハーバード大学卒（MBA）。

六〇年代から七〇年代にかけて海軍現役将校として各地ポストを歴任。八〇年代は国家安全保障会議（NSC）でアジア担当幹部にもなり、九〇年代には東アジアを対象とした国際ビジネス・コンサルティング会社を設立。

●C氏（有名シンクタンク幹部）
約三十年間近い陸軍勤務の後、NSCにおいてアジア担当幹部として勤務。陸軍時代には東京にて駐在武官としても勤務経験あり。政府部内で北朝鮮問題担当高官として勤務した後、現在は有名シンクタンク幹部を歴任。

エリート海軍将校でありビジネスマンでもあったジム・ケリー米国務次官補
(写真提供：AP/WWP)

もちろん、世界はアメリカだけのものでは

ないし、「アメリカン・スタンダード」が世界のスタンダードだと言うつもりは毛頭ない。しかし、現実にカウンターパートが若い時から、政治に経済に、そして軍務にと見識と経験を重ねている時、デスクにだけ噛り付いている国家公務員としての日本の外交官たちは一体何をしているのだろうか。

自分と社会全体のために、幅広い分野でキャリアを積むべき時に、彼らの多くは外務本省に閉じ込められ、定見なく、世論の動向によって風見鶏のように意見を変える幹部たちに追い立てられるように日々、深夜残業を余儀なくされている。多くの作業がドメスティック・コンサンプション、つまり「幹部のためだけの御説明紙」の作成だと分かってはいても、組織の論理がこれを押し留めることはない。

やがて、「政経合体戦略」にもとづくこともなく、インテリジェンスにも、メディアにも、いわんやエージェントにも接したことのない「外交官」たちが思考停止の安逸のなか、再生産されていく。そんな彼らであっても、人一倍プライドは高いので、仮にこうした点について正論を唱える者がいても、「所詮は俗論」と切り捨て、聞く耳を持たない。

その結果、日本外交は求めるべき「主体性」を失い、海の向こう側で戦略を持つ者との関係で「従属変数」の地位に甘んじざるを得なくなる。一九四五年の八月の暑い夏の日、当時の日本の為政者たちが、臥薪嘗胆のためにはあえて戦略もインテリジェンスもエージェントも一度は放棄すべしと「戦略的」に抱いた発想は、もはや現代を生きる我々の記憶に残ってはいない。あるのは、これらを「危なっかしいもの」「怪しいもの」として忌避し、思考を停止することで安逸さへ流れようとする習性だけなのではないか。

拉致問題ひとつとっても同じことだ。定見なくその場その場で北朝鮮と接してきた日本の為政者たちは、いったいどれだけの私たちのカネを北朝鮮側に対し投げ売りしてきたことだろうか。その背景には、トータルな発想とそれにもとづく迅速な外交政策の展開を可能とするだけの人材が、この国では育成されず、調達できていないという悲しい現実があるのだ。

大同江の川面に輝く夕陽を見ながら、涸れることのない涙を流していたに違いない拉致被害者たちのことを思った時、日本外交にとって本当の急務であるこれら五つのアプローチを一日も早く現実のものとしなければいけない。それが、「拉致問題」の本当の解決であり、北朝鮮問題の解決でもあり、さらにいえば私たちの日本という国にとって、戦後が本当に始まることでもあるのだ。

そのためには、日本国の外務省が変わらなければならない。また、外務省だけではなく、外交に関わるすべてのもの、ひいてはこの国に生きる私たち日本人全員の意識が変わらなければならない。目覚めた先に見えるものは、「本当の日本」であるはずだ。

あとがき

まだ学生だった時分、外務省で行なわれた「学生のための外交講座」に出席したことがある。その時、演壇に立った中堅幹部のキャリア外交官に対し生真面目そうな男子学生が、外務省に入って何が得をしたと思いますかと尋ねた。すると少々はにかみながら、この先輩外交官は答えた。「そうですね、得をすることといえば、たくさんの人と会えるということでしょうか。外交官ですと言えば、世の中で会ってくれない人はいませんよ。」

この春、外務省を去るにあたって、自分に残されたものは何かといえば、この先輩外交官の言葉ではないが、たくさんの人と出会い、人の輪を広げたことに尽きるように思う。この本の執筆にあたっても、実にさまざまな先輩、同僚、そして友人たちとの出会いと彼ら・彼女らからの熱心な助言や支援が決定的に大きな役割を果たしている。

まずは外務省の先輩、そして同僚たち。本文中にも記したが、私の外交官人生、いや一人の「考える日本人」としての生き方にとって、有馬龍夫日本国政府代表（元駐独大使）より薫陶を受ける機会を得たことは、実父の遺した言葉と同じくらい、重みのあることであった。

結果として、ドイツ・ボンの大使執務室で有馬大使に「外交官は自分にとって天職だと思います。」と答えた私自身の言葉に表面的には反する生き方を選ぶこととなった。しかし心構えとしては、世界の中の日本を生涯考えつづける者という意味で一生「外交官」でありつづけるつもりだということを、ここに改めて誓っておきたい。

同じようにその方との出会いがなければ、この本が成り立たなかった方々は大勢いる。米国事情については前作同様、道浦綾子氏に詳細に御教示いただいた。私の頭の中にある戦前ドイツで育まれた古典的な社会学上の知識を一気にヴァージョンアップし、ネットワーク分析の基礎を実践のなかで教えて下さったのが安田雪・東京大学大学院経済学研究科COE特任助教授だ。

また、メディア業界の住人というお立場上、お名前は明らかにできないが、報道の最前線にいるM氏、H氏、Fさん、Mさん、そしてJさんは、時に深夜であっても、現実と理想の狭間にあって悩める私に対し、温かい助言と励ましを下さった。心より御礼を申し上げることとしたい。

本書を御担当いただいた筑摩書房・湯原法史氏へも、いつも変わらぬ御支援に衷心よりの感謝をここに書き記しておく。

ますます破天荒になっていく夫を日々見つめ続けてくれる、愛する妻・京子と、日に日に父より賢くなりつつある愛児・龍夫に本書を捧げる。

二〇〇五年四月吉日　国立東にて

原田　武夫

原田武夫（はらだ・たけお）
一九七一年生まれ。一九九三年、東京大学法学部を中退し、外務省入省。経済局国際機関第二課、ドイツ・ベルリンでの在外研修、在ドイツ日本国大使館、大臣官房総務課などを経て、アジア大洋州局北東アジア課課長補佐（北朝鮮班長）を務める。二〇〇五年三月末退職。現在、原田武夫国際戦略情報研究所代表（http://www.70nen.com）。主な著書に『劇場政治を超えて――ドイツと日本』（ちくま新書）、『サイレント・クレヴァーズ――30代が日本を変える』（中公新書ラクレ）などがある。

北朝鮮外交《きたちょうせんがいこう》の真実《しんじつ》

二〇〇五年四月二十五日　初版第一刷発行

著者　原田武夫
発行者　菊池明郎
発行所　株式会社筑摩書房
東京都台東区蔵前二-五-三　郵便番号　一一一-八七五五
振替　〇〇一六〇-八-四一二三
印刷　明和印刷株式会社
製本　矢嶋製本
装丁　間村俊一

ISBN4-480-86364-8 C0031
乱丁・落丁本の場合は、左記宛にご送付下さい。
送料小社負担でお取替えいたします。
ご注文・お問い合わせも左記へお願いします。
〒三三一-八五〇七　さいたま市北区櫛引町二-六〇四　筑摩書房サービスセンター
電話　〇四八-六五一-〇〇五三